-부처님 말씀 마흔두 편-
불설사십이장경

이성법 역해

청우서적

‖ 머리말 ‖

　『불설사십이장경(佛說四十二章經)』은 불교의 요지를 사십이장으로 나누어 간명하게 결집한 불타의 교훈집이다. 이 경전은 부처님께서 우리에게 가르쳐 주고자 한 것이 무엇인지 또 불교와 불법(佛法)의 근본사상이 무엇인지를 이해하기 쉽게 설하고 있다. 그러한 까닭에 중국과 우리나라는 물론 우리에게서 불교를 배워 간 일본에서도 승속(僧俗)을 막론하고 이 경전을 불교 입문의 길잡이 경전이라고 생각하여 교과서처럼 여기며 배우고 있는 것이다.
　하지만 우리나라에서는 다른 경전에 대한 연구와 번역 사업이 상당한 수준에 이른 데 비해 이 경전에 대한 연구나 보급은 미흡한 실정이다. 그 이유는 여러 가지가 있겠지만 가장 큰 원인은 학자들의 잘못된 견해 때문이라고 볼 수 있다. 대부분의 학자들이 심오한 뜻이 담겨 있다는 대승경전(大乘經典) 연구에 치우치다 보니 상대적으로 분량도 적고 오묘한 뜻도 별로 없는 듯 보이는 경전의 연구에는 관심이 적어 등한시 하고 있는 것이다.
　그러나 그러한 견해는 공복고심(空腹高心: 뱃속은 텅 비었는데 마음만 우쭐거리는 것. 아직 수행이 되어 있지 않은데 깨달은 척 하는 사람)으로 불교의 참 진리를 터득하지 못한 것이라고 단정할 수 있다. 『사십이장경』은 비록 경전의 분량이 적고 뜻이 간략하다 하더라도 불교의 요지를 극명하게 드러낸 경전이다.

이 경전은 후한(後漢) 때 인도에서 중국으로 들어온 가섭마등(迦葉摩騰)과 축법란(竺法蘭)에 의해 번역되어 동북아시아권에 부처님의 말씀을 최초로 전해지게 하는 역할을 하였다. 『사십이장경』은 다른 경전과는 달리 부처님께서 법단을 마련하고 많은 대중을 교화시키기 위해 설하신 것이 아니라, 성도하신 후 어버이가 어린 아이들을 데리고 다니면서 다정히 가르치듯이 그때그때 상황과 수행에 필요한 마음가짐과 계율, 지혜 등을 고구정령(苦口丁嚀: 입이 쓰도록 간절히 타이르는 말) 타이르듯 일러주신 말씀을 모은 것이다.

엄격한 사성계급의 차별을 타파하고 자애로운 마음으로 쉽게 말씀하신 내용만을 결집한 경전이라는 점에서 독자들이 읽기 쉬우며 또 반드시 알아야 할 경전 중의 하나이다. 따라서 불교를 배우고자 하는 사람이라면 이 『사십이장경』을 먼저 탐독하는 것이 불교 입문의 순서가 아닐까 한다.

그동안 우리나라에는 이 경전의 연구와 보급이 소홀해서 서운한 마음이 없지 않았는데 인연이 있었는지 소납이 대만, 일본 등지에 수년 유학하는 동안 여러 종의 원본을 열람하게 되었고 훌륭한 선생님들을 만나 공부할 수 있는 기회가 있어 매우 흡족하였다. 그래서 그때마다 자세하지는 않지만 그 대강을

필사해 두었다.

　귀국한 후에는 하루 속히 우리말로 옮겨 포교에 활용했으면 하는 생각을 가지고 있었는데, '뜻이 있는 곳에 길이 있다'는 선현들의 말씀에 용기를 얻어 불사(佛事)에 쫓기면서도 틈틈이 번역을 시작한 것이 티끌 모아 태산이라는 속담처럼 마침내 탈고하여 책으로 엮게 되었다.

　만시지탄(晩時之歎)이 없지 않으나 이제라도 이 경전이 불교를 알고자 하는 이들에게 도움이 되고, 생활불교, 실천불교 운동이 전개되고 있는 이때에 지팡이 역할을 하게 되었으면 하는 마음 간절하다.

　원래 이 책은 지난 계유년(1993) 망월사 판으로 냈던 것을 금번 정우서적 우천 거사의 권유로 장명을 붙이고 원문에 한글음을 달고 문장을 다듬어 세상에 다시 내놓게 되었다. 혹 미흡한 부분이 있더라도 널리 양해하시길 바라며 많은 질정을 바란다.

　　　　　乙酉年(2005) 백중지절에

　　　　　　남한산성 망월사 비구니 수도도량에서
　　　　　　　　　　　　　　　　性 法 합장

‖ 목 차 ‖

- 머리말 _ 3
- 경전의 개요 _ 10
- 경명 해설 _ 13
- 역자 해설 _ 16

序(서) _ 19

제1장 출가자의 길 _ 27
제2장 소득이 없는 길 _ 35
제3장 무소유의 삶 _ 38
제4장 선한 일 열 가지 _ 40
제5장 뉘우침의 생활 _ 43
제6장 인욕 _ 45
제7장 악이 머물 곳 _ 47
제8장 제 얼굴에 침 뱉기 _ 50
제9장 실천, 실천 _ 52
제10장 다함없는 복 _ 54
제11장 참된 공양 _ 57

제12장 스무 가지 어려운 일 _ 61

제13장 숙명통 얻는 법 _ 71

제14장 가장 큰 것 _ 74

제15장 최상의 밝음 _ 77

제16장 도를 보는 법 _ 81

제17장 도를 본다는 것 _ 84

제18장 닦음 없는 닦기 _ 86

제19장 현상에서 본질 보기 _ 91

제20장 몸의 실상 _ 93

제21장 욕망의 끝 _ 97

제22장 칼끝의 꿀 _ 100

제23장 범부와 아라한 _ 102

제24장 최고의 욕망 _ 105

제25장 자신을 태우는 애욕 _ 107

제26장 천마의 유혹 _ 108

제27장 쉼 없는 정진 _ 111

제28장 불완전한 생각 _ 114

제29장 이성을 보는 법 _ 116
제30장 수행자의 처신 _ 118
제31장 욕심의 뿌리 _ 119
제32장 근심의 뿌리 _ 124
제33장 일당만의 전투 _ 126
제34장 알맞음 _ 130
제35장 마음의 때 _ 134
제36장 더 나은 길 _ 136
제37장 계 지니기 _ 139
제38장 사람의 수명 _ 141
제39장 한결같은 맛 _ 144
제40장 진실한 수행 _ 146
제41장 수도자의 마음 _ 148
제42장 붓다의 세상 보기 _ 150

■ 맺음말 _ 157

‖ 일러두기 ‖

1. 경전의 개요, 경명 해설, 역자 해설은 역자가 『사십이장경』의 이해를 돕기 위해 설명한 글이다.

2. 서(序)는 『사십이장경』의 서문에 해당하는 것으로 부처님께서 설법하시게 되기까지의 과정과 최초의 설법과정 등을 소상히 설명하고 있어 본경에 들어가기 전 반드시 읽어 두어야 할 부분이다.

3. 서문 이하 42장경의 역해는 직역(直譯)을 먼저 싣고, 그 아래 한문으로 된 원문을 넣은 다음 해설을 붙이는 방법을 택했다. 독자들이 경전의 원문과 역해를 대조해 가며 읽게 되면 경전연구에 많은 도움이 될 것이라 생각된다. 망월사 간에서는 원문의 우리말 음을 달지 않았으나 금번부터는 독송의 편의를 위해 한국어 음을 달았다.

‖ 경전의 개요 ‖

四十二章經
사 십 이 장 경

　이 『사십이장경(四十二章經)』은 불교가 서역에서 최초로 중국에 전해질 때 가장 먼저 번역된 경전의 하나이다. 그러한 까닭에 지금도 불교를 알고자 하는 사람이나 불교에 입문해 체계적으로 교리를 배우고자 하는 사람이라면 가장 먼저 읽어야 하는 중요하고 적절한 경으로 평가되고 있다.
　『사십이장경』은 경전 중에서 소승부(小乘部)에 속하기 때문에 학계에서는 부처님께서 성도하신 뒤 처음 설하신 것이라고 보고 있다. 그 이유는 가르침의 내용도 그러하거니와 이 경전의 서문에 그러한 내용이 부분적으로 언급되어 있기 때문이다.
　또 일부 학자들은 마등(摩騰)과 법란(法蘭)이 인도로부터 중국에 들어와 최초로 불경을 번역할 때 처음부터 한 부질의 경전을 번역한다 하더라도 불교 전체의 윤곽을 알기 어려울 것이라 생각하고, 응병여약(應病與藥: 병에 따라 약을 주는 것, 중생의 능력이나 소질에 따라 가르침을 설하는 것)이라고 하였듯이 그에 따른 방법으로서 방대한 경전들 중에서 가장 중요하고 핵심적인 42개항의 가르침을 발췌·번역하고 결집하여 『불설사십이장경(佛說四十二章經)』이라 명명했을 것이라고 보고 있다.
　이에 따르면 부처님께서 처음부터 42개 장이라는 순서를 세워 말씀하신 것은 아니라는 것을 알 수 있다.

역자도 역시 이 경전은 마등·법란 등이 불경을 처음 중국에 들어온 이후 불교를 알고자 하는 사람들에게 불교의 근본교리에 대한 이해를 돕기 위한 여러 경전 가운데서 중요한 부분만을 초역(抄譯)한 것으로 보는 것이 타당하지 않을까 생각한다.

전해지는 말로는 이 경을 번역할 때 『십지단결경(十地斷結經)』, 『불본생경(佛本生經)』, 『법해장경(法海藏經)』, 『불본행경(佛本行經)』 등 네 경전이 함께 번역되었다고 한다. 그러나 이 『사십이장경』만이 전해져 고금을 통해 널리 읽혀지고 강설(講說)되고 있다.

『사십이장경』이 지금까지 전해지고 소중하게 여겨지는 까닭은, 첫째 이 경전은 앞에서 언급하였듯이 불교의 가장 핵심적인 요지만을 간단명료하게 간추려 초심자들이 이해하기 쉽게 꾸며져 있으며, 둘째, 대홍(大洪)의 수수 선사(守遂禪師)가 『사십이장경』에 주(註)를 달아 『불유교경(佛遺敎經)』과 위산 선사(潙山禪師)의 『경책(警策)』을 합한 것을 『불조삼경(佛祖三經)』이라 이름하여 세상에 널리 유포하였기 때문이라고 볼 수 있다.

수수 선사는 중국 송나라 휘종(徽宗, 1100~1125) 선화(宣和)년대에 조동종(曹洞宗) 투자의청(投子義靑) 선사의 손제자이다. 같은 선종 가운데서도 특히 조동종에서는 이 『불조삼경』을 초심자들의 입문 교재용으로 다른 경전보다도 중요하게 다루었다.

또 조동종의 중흥조(中興祖)라 할 수 있는 명조(明朝) 때의 고산영각(鼓山永覺) 선사는 그 수제자인 도패 화상(道霈和尙)이 처음 법을 물었을 때 가장 먼저 이 불조삼경을 주었다고 한다. 이에 대해 도패 화상은 "내 나이 약관에 이르러 노화상(영각 선사)을 하산(荷山)에서 뵈었는데 화상께서 내 우둔함을 연민히 여겨 가장 먼저 주신 경이 이 『사십이장경』이었으며, 이 경을 읽고 수행함을 게을리 하지 않고 선강(禪講)에 부지런히 드나들며 노력과 집념을 아끼지 않았더니 이제 겨우 도(道)와 벗하게 되었다. 이것은 오직 삼경(三經)의 힘이었다"고 술회했다.

후에 도패 화상은 『불조삼경지남(佛祖三經指南)』이라는 3권의 책을 저술하면서 『사십이장경』에 주를 달아 『유교경』, 『위산경책』과 함께 세상에 널리 유포하였다. 그 뒤로부터 『사십이장경』을 연구하는 사람은 반드시 이 『불조삼경지남』을 근거로 연구하게 되었으며 부처님 열반 당시 유언이라 할 수 있는 『유교경』과 또 위산 선사의 『경책』을 연구하는 데 없어서는 안 될 중요한 자료로 인식하기에 이르렀다.

역자는 이 책에서 『사십이장경』에 대한 교학적 내지 서지학적 연구를 목표로 삼은 것이 아니고, 다만 원문을 해석하는 정도로 풀이하여 누구든지 쉽게 읽고 이해하여 부처님의 가르침대로 생활하도록 이끌자는 데 역해의 본뜻을 두어 가급적 풀이를 평이하게 하였으니 이 점 독자들께 미리 양해를 구한다.

여기에서 소개하는 『사십이장경』은 오랫동안 세상에 널리 유포되었고 많이 알려져 비교적 귀에 익은 도패 화상의 『불조삼경지남』에 들어 있는 것을 저본으로 삼았으므로, 수수 선사의 『불조삼경』 속에 들어 있는 『사십이장경』과는 조금씩 다른 부분이 있음을 미리 밝혀 둔다.

‖ 경명 해설 ‖

佛說四十二章經
불 설 사 십 이 장 경

　이 경전이 왜 『불설사십이장경』이라 이름하게 되었는지 먼저 그 표제(表題)부터 살펴보기로 하자.
　첫머리의 '불설(佛說)'이라는 것은 '지금부터 3천 년 전 천축국 가비라성(天竺國 迦毘羅城) 정반왕(淨飯王)의 태자로 탄생, 19세에 출가하여 30세에 깨달음을 얻고 그로부터 49년 동안 300여 회의 가르침을 베푸시다가 80세 되던 해 2월 15일, 열반에 드실 때까지 그동안 부처님께서 말씀하신 것이다'라는 것을 명백히 하기 위해 붙인 것이니 곧 '부처님께서 말씀하신 것'이라는 뜻이다.
　그런데 근래 불교사에 대한 연구가 활발해지고 경전에 대한 연구도 많아졌으며 여러 가지를 비교 평가, 고증하는 쪽으로 연구가 진행됨에 따라 '불설(佛說)'에 대한 논의도 다양해졌다. 예컨대 수많은 경전 가운데서도 특히 대승경전은 부처님께서 직접 말씀하신 것이 아니라는 주장 곧 대승비불설(大乘非佛說)을 주장하는 학자들도 있으나, 이 『사십이장경』은 소승경(小乘經)의 부류에 속하는 경전으로서 대승경 부류에는 없으므로 어떠한 '비불설론자(非佛說論者)'라 할지라도 이 경만큼은 석가모니 부처님께서 설하신 것이라는 점에 반론이 없을 것이다.
　그 다음 '사십이장(四十二章)'이란 앞에서도 잠깐 언급했듯이 부처님 말씀을 42개 조항 즉 42개 장으로 결집했음을 뜻한다. 그러므로 '세존성도이(世尊成道已)'라고 시작되는 서문에 해당하는 글은 42장에는 포함되지 않는다. 서문에 관해서는 뒤에 자세한 설명이 있으므로 상세한 설명은 생략한다.

'경(經)'이라는 것은 수트라(sutra)라는 말을 한역(漢譯)한 것으로, 직역하면 관선(貫線), 즉 실로 물건을 꿴다는 뜻이다. 한 개 한 개의 구슬을 한 가닥 실로 꿰어 놓으면 하나의 완전한 물건이 되어 활용될 수 있고, 또 구슬 하나하나의 개성을 살려 본성을 상실하지 않는 것과 같이 세상의 잡다한 사항과 천차만별의 것을 '부처님의 말씀'이라는 실로 꿰어 놓은 것이라는 뜻이다.

그렇게 함으로써 천차만별의 사물이 각자가 가진 본래 모습 그대로를 지니면서도 일미평등(一味平等)의 진리에 부합되는 용역 활동을 나타내게 되는데, 이것이 바로 경(經)이며 범어로는 수트라이고 중국어로는 관선이다.

중국에서는 예부터 성현의 가르침을 글로 기록해 역시 경(經)이라 하였다. 『시경(詩經)』이라든가 『서경(書經)』 등이 그것이다. 따라서 부처님께서 가르치신 말씀을 기록한 것은 '불경(佛經)'이라 한 것이다.

본래 모든 경전의 표제(表題) 및 원전을 해석하는 데는 칠종입제(七種立題)[1]라든가 육리합석(六離合釋)[2]이라는 해석상의 규칙

---

1 칠종입제(七種立題): 천태지의(天台智顗)가 일체 경전의 제목을 7종으로 나눈 것이다.
　① 단인입제(單人立題): 사람에 의하여 제목을 세우는 것으로 『아미타경』 등과 같은 경우.
　② 단법입제(單法立題): 경 가운데 말한 법을 따라 제목을 세운 것으로 『열반경』 등과 같은 경우.

에 따랐다. 이 책에서도 가능한 한 그 원칙에 따라 해석하고자
노력하였다.

 ③ 단비입제(單譬立題): 비유에 따라 제목을 세운 것으로 『범망경』 등과
          같은 경우.
 ④ 인법입제(人法立題): 사람과 법에 따라 제목을 세운 것으로 『문수문반
          야경(文殊問般若經)』 등과 같은 경우.
 ⑤ 법비입제(法譬立題): 법과 비유에 따라 제목을 세운 것으로 『묘법연화
          경』 등과 같은 경우.
 ⑥ 인비입제(人譬立題): 사람과 비유에 따라 제목을 세운 것으로 『여래사
          자후경』 등과 같은 경우.
 ⑦ 구족입제(具足立題): 사람·법·비유를 갖추어 제목을 세운 것으로
          『대방광불화엄경』 등과 같은 경우.
2 육리합석(六離合釋): 6종석(釋)·6석(釋)이라고 한다. 범어의 복합사(複合
 詞)를 해석하는 6종의 방식이다.
 ① 의주석(依主釋): 의사석(依士釋)으로 '왕의 신(臣)'을 '왕신(王臣)'이라
        함과 같은 경우.
 ② 상위석(相違釋): '왕과 신'을 '왕·신'이라 함과 같은 경우.
 ③ 지업석(持業釋): 동의석(同依釋)으로 '높은 산'을 '고산(高山)'이라 함과
        같은 경우.
 ④ 대수석(帶數釋): '사방(四方)'·'삼계(三界)'와 같은 경우.
 ⑤ 유재석(有財釋): 다재석(多財釋)으로 '장신(長身)의 인(키 큰 사람)'을
        '장신(키다리)'이라고 부르는 것과 같은 경우.
 ⑥ 인근석(隣近釋): '하(河)의 부근'을 '하반(河畔)'이라고 하는 것과 같은
        경우.

‖ 역자 해설 ‖

後漢 迦葉摩騰 竺法蘭 同譯
후한 가섭마등 축법란 동역

  이는 제하(題下)에 들어 있는 것으로 이 『사십이장경』의 한역자(漢譯者)가 누구이며 언제 한역된 것인지를 알 수 있는 귀중한 구절이다. 이를 근거로 이 경전이 후한 때 가섭마등과 축법란이 한역했던 것임을 알 수 있다.
  첫머리의 '후한(後漢)'이란 범어로 된 『사십이장경』을 번역했을 때의 중국 국호를 말한다. 한(漢)나라가 정치적으로 쇠망해 가자 광무제(光武帝, 서기 25년 즉위)가 중흥하여 도읍을 낙양(洛陽)으로 옮기고 이곳을 동도(東都) 혹은 동한(東漢)이라 하였다. 이 때를 후한이라 하고, 그 이전의 한나라를 전한(前漢)이라 한다.
  광무제가 물러나고 후한 제2대 황제로 그의 아들 명제(明帝)가 즉위하였으며 연호를 영평(永平)이라 했다. 영평 10년(서기 67년 경), 명제가 어느 날 꿈을 꾸었는데 남쪽으로부터 온몸에서 금빛을 발하는 사람이 하늘을 날아왔다. 왜 그런 꿈을 꾸었는지 그것이 무엇을 뜻하는 것인지 이상하게 생각한 명제가 군신들을 불러 놓고 그 꿈에 대한 이야기를 하고 해몽을 하라고 일렀다.
  그때 부의(傅毅)라는 사람이 말씀드렸다. "천축국에 붓다라 이름하는 귀신이 있다는 말을 들은 적이 있사온데 폐하의 꿈에 나타난 것은 틀림없이 그 붓다라는 귀신이 아닌가 생각됩니다."

부의의 해몽도 해몽이려니와 그 꿈이 결코 예사 꿈이 아니라고 생각한 명제는 곧 신하 중 채음(蔡愔)과 진경(秦景) 등을 천축국으로 보내 처음으로 부처님의 불법(佛法)을 구하게 하였다.

천축으로 들어간 일행은 오랜 고생 끝에 가섭마등과 축법란이라는 두 승려를 만나 불법을 듣게 되었다. 명제의 꿈이 바로 부처님이 현시하셨던 것임을 알게 되자 일행은 그들을 설득하여 중국의 도읍인 낙양으로 데리고 왔다. 그들 일행이 도착하자 명제가 크게 기뻐하며 곧 궁중 서문 밖에 절을 지어 두 사람을 머물게 하였다. 당시 마등과 법란이 천축에서 올 때 경전을 비롯한 기타 불교용품을 가지고 왔는데 경전과 물건들을 싣고 온 말이 백마(白馬)였기 때문에 그 공덕을 기리는 뜻에서 절 이름을 백마사(白馬寺)라 하였다. 이 백마사는 중국에서 가장 먼저 창건된 사찰이며 승려가 처음으로 머문 곳이기도 하다.

이 두 승려에 관한 것은 양대 고승전(高僧傳)에 조금 기록되어 있을 뿐 자세한 것은 나와 있지 않아 구체적인 행적은 알 수 없다. 고승전에 따르면 마등은 중천축 사람으로, 부용(附庸)이라는 작은 나라에 가서 『금강명경(金剛明經)』을 설법하고 있을 때 이웃나라가 군사를 앞세워 쳐들어오자 마등이 적국에 가서 화해를 권유하고 설득시켜 위기를 모면하게 하였다고 한다.

이런 점으로 미루어 보아 경을 강설하는 정도의 평범한 학자가 아닌 세간·출세간을 통해 뛰어난 인물이었다고 추측된다. 법란도 역시 중천축 사람으로 항상 마등과 함께 여러 곳을 순회하며 불법을 전한 사람이라고 한다.

아무튼 이 두 사람이 역사적으로 중국에 불교를 가장 먼저 전파한 사람이 되었고, 범어로 된 경전을 한문으로 번역하여 한문불경의 효시가 되었으니 불교를 중국에 전파한 공과 더불어 더욱 큰 공적을 남겼다고 할 만하다.

그들이 번역한 것은 앞에서 말한 『십지단결경』, 『불본생경』, 『법해장경』, 『불본행경』과 『사십이장경』이었다고 전하고 있으나 안타깝게도 앞의 4부는 현재 전해지지 않고 이 『사십이장경』만이 전해지고 있다.

四十二章經 序
사 십 이 장 경 서

　세존께서 성도하신 뒤 사유(思惟)를 통해 이욕적정(離欲寂靜)이 가장 수승한 도리임을 아시고 대선정(大禪定)에 머물며 마도(魔道)들의 항복을 받으시고, 녹야원에서 교진여 등 다섯 사람에게 사제법륜을 전(轉)하여 도과를 증득케 하셨습니다.

　또 부처님 말씀을 의심하고 부처님께 진지(進止)를 구하려는 비구들이 있었는데, 부처님께서는 (그들에게) 교칙을 내려 일일이 깨닫게 하시니 그들이 곧 합장공경하며 가르침에 순종하였습니다.

世尊 成道已, 作是思惟, 離欲寂靜, 是最爲勝, 住大
세존 성도이   작시사유   이욕적정 시최위승 주대
禪定, 降諸魔道, 於鹿野苑中, 轉四諦法輪, 度憍陳如
선정 항제마도   어녹야원중   전사제법륜   도교진여
等五人, 而證道果, 復有比丘所說諸疑, 求佛進止, 世
등오인   이증도과 부유비구소설제의   구불진지   세
尊 敎勅, 一一開悟, 合掌敬諾, 而順尊勅.
존 교칙   일일개오   합장경락   이순존칙

해 설

　이 장은 부처님 말씀이 아니고 『사십이장경』의 서문에 해당한다. 중요한 대목들이 많기 때문에 가급적 소상하게 해석하고

자 한다.

첫머리에 '세존께서 성도하신 뒤[世尊成道已]'라 한 것은 6년간을 단좌(端坐)하여 수행이 성만한 연후에 건강이 극도로 쇠약해졌을 때 니련선하(尼連禪河)라는 강물에 목욕한 다음 수자타라는 목녀(牧女)로부터 우유공양을 받아 건강을 회복하신 후 핍바라수(畢鉢羅樹) 나무 밑에 자리를 정하고 앉아 있던 중 12월 8일 새벽, 밝고 찬란하게 떠오르는 별빛을 본 순간 확연히 우주의 진리를 깨달으셨다. 그 순간을 부처님의 성도(成道)라고 하며 깨달음을 이루셨다는 뜻이다.

그날부터 세존께서는 21일간 그 자리에서 일어나지 않으시고 깊게 사유(思惟)하셨다. 삼칠일(21일) 가운데 처음 7일간은 그동안 깨달아 얻은 진리는 매우 고상유현(高尙幽玄)한 것으로 박복둔근(薄福鈍根)한 중생들로서는 도저히 해득할 수 없는 경지임을 아셨으나, 그렇다고 하여 중생을 제도하지 않은 채 어찌 그대로 열반에 들 수 있겠는가, 그것은 처음에 세웠던 서원을 배반하는 것이라고 생각하셨다. 그 다음 7일간은 일체중생의 번뇌 망상의 종류와 근기의 모습이 천차만별임을 관찰하셨다. 그리고 마지막 7일간은 일체중생 가운데 누가 먼저 이 법을 받아 감당할 것인가를 사유하셨다.

이 사유를 통해 부처님께서는 이욕적정(離欲寂靜: 욕망을 벗어나서 마음에 번뇌가 없고 몸에 괴로움이 사라진 해탈 열반의 경지)의 도리가 가장 수승하다는 것을 깨달으시고 이 도리를 설해 중생을 제도하리라 생각하셨다. 여기서 이욕적정이 가장 수승하다고 한 것은 중생을 제도하는 목적과 방법을 의미한다.

이욕(離欲)이란 모든 욕심을 끊는다는 뜻이고, 적정(寂靜)이란 불법수행의 최고 목적인 열반에 드는 것이다. 적(寂)과 정(靜)은 모두 고요하다는 뜻을 가진 글자로 고요하다는 것은 어떠한 것에도 동요되지 않고 변하지 않음을 의미한다.

우리의 마음은 애정욕구(愛情欲求)라는 망념의 끊임없는 작용과 변화로 잠시도 적정에 머물러 있지 못하고 동요한다. 그 때문에 모든 악행이 일어나게 되고 모든 고뇌 또한 그로부터 비롯되는 것이다.

끊임없는 망념과 악행의 근본이 되는 마음의 변화를 억제하고 애정욕구로부터 벗어나 적정에 드는 것이 바로 이욕이며, 이욕이 완성되고 성취되었을 때 완전하게 적정에 들 수 있는 것이다.

『법화경(法華經)』에서도 "제고소인 탐욕위본(諸苦所因 貪欲爲本)"이라 하였으니 모든 고통과 고뇌의 근본은 바로 탐욕, 즉 무엇을 갖고자 하는 욕심에서부터 일어나게 되는 것이다.

이욕적정이 가장 수승한 법이지만 모든 욕(欲)을 단절하고 자유로워지기 위해서는 욕을 일어나게 하는 마도를 항복시키는 것이 중요하다. 마도란 마음을 산란케 하여 바른 행(行)을 방해하는 마장(魔障)을 뜻한다. 마도에 대해서도 여러 가지로 구별하여 설명하고 있으나 4마(四魔), 즉 안에서나 바깥에서나 진실한 마음을 충동하여 산란하게 하고 올바르게 수행하려는 마음을 동요시켜 이욕(離欲)을 방해하는 장애물을 말한다.

본래 마(魔)라는 글자는 범어 '마라(魔羅, mara)라는 말을 줄인 것인데, 이를 번역하면 장애(障礙)라는 뜻이다. 장애란 방해 · 지장 등과 같은 뜻이므로 육체적으로나 정신적으로 지장이 되거나 방해가 되는 것을 말한다.

그렇다면 모든 것에 장애물이 되는 것은 무엇인가? 그것은 바로 '마음의 동요'이다. 특히 수행자에게 있어 '마음의 동요'는 가장 큰 장애이다. 어떠한 경우라도 마음의 동요를 일으키지 않는다면 곧 모든 마도를 항복시킬 수 있는 것이다.

이에 부처님께서는 대선정(大禪定)에 머물며 끝까지 모든 마도를 항복시켰던 것이다. 대선정이란 간단히 말해 산란한 마음을 흐트러짐없이 침착하게 안정시킨다는 뜻이다.

대선정을 깨달아 아신 부처님께서는 가장 먼저 제도해야 할 사람은 녹야원(鹿野苑)에서 같이 수행하던 다섯 승려(僧侶)라고 생각하셨다. 녹야원은 천축의 '파라나국'이라는 곳으로 옛날에 사슴을 기르던 동산이다. 당시 그곳에는 교진여 등 다섯 명의 승려가 있었다. 이들은 부처님께서 왕궁을 탈출하여 산중으로 들어갔을 때 부왕(父王)의 명으로 부처님께서 계시는 곳에 와서 시봉하던 사람들로 그 중 아냐타 카운디야(憍陳如)와 다사와라 카사파(十力迦葉)는 부처님 어머니의 친척되는 사람이고, 아스바지트(앗사지, 馬勝), 브하드리카(拔提), 마하나마 쿨리카(摩男拘利) 세 사람은 부왕의 친척되는 사람들이었다. 그러한 연유로 부처님과는 더욱 친근했고 또 권속들이기에 이 다섯 사람을 먼저 제도하려고 결심하신 것이다.

사람이란 누구라도 어떤 일이 생기면 항상 내 가까이 있고 친근한 이들과 상의하고 고락을 같이하는 것처럼 부처님께서도 그들 권속부터 제도해야 할 필요를 느끼시고 가르치는 법에 있어서도 상대방의 근기(根機)에 상응하지 않으면 안 되기에 근기를 알고 있는 사람부터 제도하려고 하셨던 것이다.

부처님께서는 이 다섯 사람에게 사제(四諦: 苦集滅道)의 법륜(法輪)을 설하신다. 사제법륜이란 불교의 기본 교리로써 고제(苦諦)·집제(集諦)·멸제(滅諦)·도제(道諦)이며, 깨달음에 이르게 하는 네 가지 진리를 말한다.

고(苦)란 나고 늙고 병들고 죽는 생로병사(生老病死)를 말한다. 이 가운데 생고(生苦) 즉 태어나는 고통은 고(苦)가 아니라고 생각할 수도 있지만 태어났기 때문에 나머지 고가 따르므로 생 역시 고이다. 또한 노·병·사 세 가지는 어느 누구라도 고통이라고 생각할 것이다. 이 4고(四苦)에 애별리고(愛別離苦), 원증회고(怨憎會苦), 구부득고(求不得苦), 오온성고(五蘊盛苦)를 더하여 8고(八苦)라 하기도 한다. 이 8고는 무엇 때문에 생기며 어떻게 하여 생기는 것일까?

모든 것은 집(集)으로부터 일어난다. 집이란 번뇌이며 고통의 원인이다. 괴로움의 일어나는 원인은 몹시 탐내어 집착하는 마음이다. 사람이 4고 또는 8고로부터 해탈하기 위해서는 집을 멸(滅)하지 않으면 안 된다. 번뇌를 멸하지 않고는 고통로부터 벗어나지 못하기 때문이다. 이것을 멸(滅)이라 한다.

그렇다면 어떤 방법으로 고를 멸할 것인가? 고를 멸하기 위해서는 도(道)를 수행해야만 한다. 그렇다면 도란 무엇인가? 불도에서는 도를 여덟 가지로 나누어 놓았다. 이것을 8정도(八正道)라 한다. 8정도는 정견(正見), 정사유(正思惟), 정어(正語), 정업(正業), 정명(正命), 정정진(正精進), 정념(正念), 정정(正定)을 말한다.

　제(諦)란 진실 되고 틀림없다는 뜻으로 도리(道理)의 결정(決定)을 말한다. 곧 앞의 고집멸 등 세 가지는 집(集)에 의해 고(苦)가 일어나 다른 것들로 이어지게 되는데, 도(道)로써 집을 멸하면 고와 집이 없어지며 이러한 것은 진실하고 틀림없는 도리이기 때문에 제(諦)라 한 것이다. 여기에 관해서는 과거 현재의 2세에 걸친 인과(因果)의 상관관계를 논해야 이해가 쉬울 것이나 그것을 논하자면 너무 많은 설명이 따라야 하므로 자세한 설명은 생략한다.

　부처님께서 교진여 등 다섯 사람에게 이 4제의 법문을 삼전(三轉)하였다. 전(轉)이란 륜(輪)을 굴린다는 것을 뜻하고 륜이란 '법을 실어 나르는 수레'라는 의미이다. 이를테면 이곳에서 저곳으로 물건을 실어 나르는 수레처럼 법을 설하여 사람들로 하여금 듣게 하는 것을 말한다. 이것은 마치 이곳에 있는 법을 언어라는 수레에 실어 듣는 사람들의 마음속에 옮기는 것과 같다. 그러한 까닭에 '법륜을 전한다'고 하는 것이다.

　기록에 따르면 그것을 세 번에 걸쳐 전하셨다고 한다. 처음은 법의 모습을 보여주었고, 다음에는 이 법을 법도와 같이 수행하게 하였으며, 마지막으로는 수행의 결과, 곧 개오(開悟)하게 한 것이 그것이다.

　깨달은 것을 여기서는 '도과(道果)를 증(證)했다'고 표현하고 있다. 도과란 앞에서 말한 8정도를 수행한 결과로 얻어진 깨달음을 말한다. 도과 역시 세분하면 4과(四果)로 구분되나 거기에 대해서는 뒤에 또 나오기 때문에 생략한다.

중(證)이라는 글자(字)도 여러 가지 뜻을 가지고 있다. 불교에서는 이 증자를 깨달음을 얻었다거나 목적을 성취했다는 뜻으로 쓰고 있으며 증거 또는 증인(證印)한다는 뜻도 포함하고 있다. 수행의 목적이 틀림없이 성취되었다는 것을 나타내는 것이다.

그 다음 문장 '부유비구(復有比丘)~구불진지(求佛進止)'란 부처님께서 교진여 등 다섯 사람을 교화하여 도과를 증득케 하시자 점차 많은 비구들이 갖가지 의문을 가지고 모여 들어 부처님께 진지(進止)의 법을 구했다는 뜻이다. 여기서 비구란, 범어로 걸사(乞士), 파악(破惡), 포마(怖魔) 등으로 번역되는데 여기서는 부처님 제자가 되어 출가한 사람들을 총칭한다.

이들은 부처님 말씀을 듣고 의심나는 것에 대해 그 뜻을 물어 의문을 풀고자 했다. 진지(進止)란 문자 그대로 나아감과 그치는 것을 뜻하니, 나아가고 그치는 모든 것을 모두 스승의 가르침에 따른다는 것이다. 부처님께서 그들의 의문을 풀어주고 진지의 도리를 가르치시자 그들은 이 교칙에 의해 하나하나 개오(開悟)해 나갔다.

경전에 의하면 부처님의 제자가 된 사람들이 8만 명에 이르렀다. 그중 가섭(迦葉), 사리불(舍利弗), 목건련(目犍連) 등은 모두 외도 가운데 호걸들로서 수하에 많은 제자들을 거느리고 있었으며, 그 의문도 가지각색이었다. 부처님께서는 이들을 한 사람 한 사람 근기에 맞추어 법문하시고 깨달음에 이르게 하셨다. 그러므로 모든 사람들은 부처님을 합장 공경하며 부처님의 교칙에 따르고 그 교화에 심복하여 가르침을 배우고 실천하였다.

위 글은 그러한 과정이 있기까지의 모습을 기록한 것이다. 그 교칙의 내용이 어떤 것인가는 이제부터 차례대로 설명하려고 한다. 부처님께서 말씀하신 『사십이장경』의 모든 내용이 곧 그들을 깨달음에 이르게 한 교칙들이다.

제1장
출가자의 길

부처님께서 말씀하셨습니다.

"부모를 떠나 출가하고 나의 참마음을 알고 근본에 통달하여 무위법(無爲法)을 이해한 자를 사문(沙門)이라 한다.

사문은 항상 이백오십 계율을 행하고 나아감과 그침이 청정하며, 네 가지의 참되고 거룩한 진리[四眞道]를 행해야 아라한을 이룰 수 있다. 아라한을 득한 자는 비행변화(飛行變化)할 수 있고 광겁(曠劫)의 수명을 누리며 앉아서 천지를 움직일 수 있다.

그 다음은 아나함으로 아나함을 득한 자는 목숨이 다하면 열아홉 번째 하늘(무상천, 無想天)에 태어나 아라한을 증득한다.

그 다음은 사다함으로 사다함을 득한 자는 한 번 천상에 올라갔다가 이 세상에 다시 돌아와 아라한을 증득한다.

그 다음은 수다원으로 수다원을 득한 자는 일곱 번 생사를 왕래하여 아라한을 증득한다.

애욕을 끊는다는 것은 마치 사지를 단절하는 것과 같이 다시는 애욕을 쓰지 않아야 할 것이다."

佛言: 辭親出家, 識心達本, 解無爲法, 名曰沙門, 常
　　　　불언　사친출가　식심달본　해무위법　명왈사문　상
行二百五十戒, 進止淸淨, 爲四眞道行, 成阿羅漢. 阿
행이백오십계　진지청정　위사진도행　성아라한　아
羅漢者, 能飛行變化, 曠劫壽命, 住動天地. 次爲阿那
라한자　능비행변화　광겁수명　주동천지　차위아나
含, 阿那含者, 壽終靈神上十九天, 證阿羅漢. 次爲斯
함　아나함자　수종영신상십구천　증아라한　차위사
陀含, 斯陀含者, 一上一還, 卽得阿羅漢, 次爲須陀洹,
다함　사다함자　일상일환　즉득아라한　차위수다원
須陀洹者, 七死七生, 便證阿羅漢, 愛欲斷者, 如四肢
수다원자　칠사칠생　변증아라한　애욕단자　여사지
斷, 不復用之.
단　불부용지

해 설

이 장은 출가 사문이 얻는 네 가지 해탈의 성과[四果: 수다원·사다함·아나함·아라한]에 대해 총체적으로 설하고 계신다.

특히 이 장은 출가 사문을 대상으로 설한 것으로 대승적 설법과는 차이가 있다. 대승과 소승은 계율 상으로는 구별이 있지만 사실 명확하게 구별되는 것은 아니다. 왜냐하면 불교의 가르침이라는 하나의 큰 테두리 안에서는 굳이 대·소승을 구별할 필요가 없기 때문이다.

다만, 대승은 출가자(出家者)에 국한된 것이 아니고 재가(在家) 불자까지도 포함하는 데 비해 소승은 출가한 사문 또는 승려로 국한한다고 할 수 있다. 또 대승에서는 비록 초심자라 할지라도 처음부터 보살이라 이름붙일 수 있으나, 소승에서는 네 단계의 등급이 있고 네 단계 중에서 가장 윗 단계를 아라한(阿羅漢)이라 하였다. 여기서 부처님께서 말씀하신 내용은 네 단계의 차서를 둔 소승출가자의 법이다.

아시아권 내 일부 불교 국가에서는 대승과 소승이 엄격히 구별되어 있는 나라도 있으나, 우리나라에서는 그것을 엄격히 구별하고 있지는 않다고 할 수 있다. 그 이유를 설명하자면 번거로우므로 여기서는 생략하도록 한다. 단, '사문'이란 대승의 '보살'이라는 말과 전혀 다르다는 것은 알아 두어야 앞으로의 해석을 이해하는 데 혼동이 없을 것이다.

부처님께서는 부모를 하직하고 출가하여 참마음이 무엇인가를 알아 근본에 통달하고 무위의 법을 해득한 사람을 사문이라 하셨다. 부모·형제·처자 등 육친으로 맺어진 세속의 정을 떨쳐버리고 집을 떠나 몸을 세상 밖에 두고 수행하는 것은 불교 수행자들만의 관습이 아니었다. 천축(인도)의 모든 학자나 종교가들이 거치는 과정이자 관습으로 이들 모든 출가 수행자를 통칭해 사문이라고 불렀다.

사문으로서 마음을 알고 근본에 통달하여 무위의 법을 해득한다는 것은, 비록 내 자신이 세상에 존재하는 이유나 모든 사문이 존재하는 이유 등 모든 것이 의문의 대상이지만, 과연 마음이 어떤 것인가를 깊이 생각해 보면 결국 모든 존재는 내 마음의 분별에서 일어나는 것일 뿐 본래 그 실체가 없다는 것을 알게 되고, 이때 '무위(無爲)의 법을 해득했다'고 하는 것이다.

무위(無爲)라는 말은 상당히 포괄적인 의미를 표현한 것이므로 상세히 풀이하자면 많은 설명이 필요하다. 간단히 유위(有爲)의 반대라고 생각하면 쉬울 것이다. 유위에 대해 이해할 수 있으면 무위가 무엇인지도 이해할 수 있다.

무릇 형체로 나타나는 것은 자신의 마음과 생각에 따라 선악과 귀천으로 구별된다. 어떤 것을 보고 좋다든가 혹은 나쁘다든가 밉다든가 귀엽다든가 상반된 두 가지가 함께 존재하는 것이 중생의 마음이요, 분별심의 작용이다. 그러나 현상이란 모두 인연화합에 의해 잠시 나타내어진 가성(假成)의 모습에 지나지 않는다. 이것은 모두 두 가지 이상이 모여 이루어져 무상전변(無常轉變)하는 것으로 언제라도 변할 가능성을 가지고 있기 때문이다. 모든 것이 본래 면목이 아닌, 변천된 것이라고 한다면 어느 것 하나도 진실체라고는 할 수 없다. 그러므로 모든 것을 허망한 것이라 하며 이를 일컬어 유위변천(有爲變遷)이라고 한다.

그러한 마음의 실체를 인식하고 그 근본에 도달하면 절대적인 무상전변을 여읜 진실의 상태를 볼 수 있으며 그때 '무위의 법을 해득했다'고 할 수 있다. 이와 같이 '무위법의 깨달음'을 목적으로 출가 수행하는 사람을 이름하여 사문이라 불렀다.

사문이란 범어로써 근식(勤息)이라 번역된다. 근(勤)이란 좋은 일[善事]을 부지런히 한다는 뜻이고, 식(息)이란 나쁜 일[惡事]을 하지 않는다는 뜻이다. 사문이 된 자는 항상 이백오십계를 지키고 실행하여 무위의 법을 체득하도록 수행 정진해야 한다.

불교의 교법에는 5계·8재계·10중대계 등이 있고 출가계·재가계, 또는 출가 재가에 모두 통용하는 보살계 등이 있다. 여기서 말하는 이백오십계는 소승(小乘)의 출가승(비구)이 지켜야 할 이백오십 조항의 계율을 말한다. 그 계율을 지켜 진지청정(進止淸淨), 즉 나아감과 멈춤이 모두 청정해야 하며 조석으로 항상 유의해야 된다는 것이다.

4진(四眞)의 도를 행한다는 것은 수다원, 사다함, 아나함, 아라한의 네 단계 과정을 거쳐 아라한과를 증득할 때까지 단계마다 진실한 도를 행한다는 뜻으로 앞에서 말한 4제(四諦), 곧 고집멸도(苦集滅道)의 네 가지라 보아도 되고 계정혜(戒定慧) 3학(三學)이라고 할 수 있으며 삼십칠조도품(三十七助道品)³이라고도 할

---

3 삼십칠조도품(三十七助道品): 정도(正道)를 닦는 데 보조적 역할을 하는 삼십칠종의 덕목(德目), 곧 열반의 이상경(理想境)에 나아가기 위하여 닦는 도행(道行)의 종류로 (1) 4념처(四念處), (2) 4정근(四正勤), (3) 4신족(四神足), (4) 5근(五根), (5) 5력(五力), (6) 7각분(七覺分), (7) 8정도분(八正道分) 등 일곱 가지를 말한다.
(1) 사념처: 소승 수행자가 삼현위(三賢位)에서 오정심관(五停心觀) 다음에 닦는 용심(用心)하는 법으로 신·수·심·법(身受心法)의 네 가지가 있다.
　① 신념처(身念處): 몸은 자체이든 근본이든 모두 철저히 부정(不淨)하다고 관찰하는 것.
　② 수념처(受念處): 우리의 마음에 낙(樂)이라고 하는 것은 참다운 낙이 아니고 모두가 괴로움이라고 관찰하는 것.
　③ 심념처(心念處): 우리의 마음은 늘 변화생멸하는 무상(無常)한 것이라고 관찰하는 것.
　④ 법념처(法念處): 만유에 대하여 자아(自我)인 실체 곧 '나(아뜨만)'라고 하는 주체가 없다고 관찰하는 것.
(2) 4정근: 선법(善法)을 더욱 자라게 하고 악법(惡法)을 멀리 여의려고 부지런히 수행하는 네 가지 법.
　① 율의단(律儀斷): 아직 생기지 않은 악(惡)은 나지 않도록 부지런히 노력하는 것.
　② 단단(斷斷): 이미 생긴 악은 없애려고 부지런히 노력하는 것.
　③ 수호단(隨護斷): 아직 생기지 않은 선(善)은 생기도록 부지런히 노력하는 것.
　④ 수단(修斷): 이미 생긴 선은 더욱더 자라게 하려고 부지런히 노력하는 것.
(3) 4신족: 수승(殊勝)한 출세간법을 이루려면 네 가지 신통스러운 힘, 즉 ① 용맹스러움 ② 부지런함 ③ 안정됨 ④ 지혜로움의 네 가지

를 갖추어야 한다.
(4) 5근: 보리(菩提)에 도달하기 위한 향상기관 방법으로 유력한 다섯 가지, ① 믿음(信根) ② 정진(進根) ③ 기억(念根) ④ 선정(定根) ⑤ 지혜(慧根)를 말한다.
(5) 5력: 위의 5근이 점차 자라서 그것이 힘이 되어 마왕(魔王) 등이 물러가게 하는 다섯 가지.
① 신력(信力): 불법을 믿고 다른 것을 믿지 않는 것.
② 진력(進力): 선을 짓고 악을 폐하기에 부지런하는 것.
③ 염력(念力): 사상을 바르게 가지고 사특한 생각을 버리는 것.
④ 정력(定力): 선정(禪定)을 닦아 어지러운 생각을 없게 하는 것.
⑤ 혜력(慧力): 지혜를 닦아 불교의 진리인 사제(四諦)를 깨닫는 것.
(6) 7각분: 7보리분(七菩提分), 7각지(七覺支)라고도 한다. 불도를 수행하는 데 지혜로써 참되고 거짓되고 선하고 악한 것을 살펴서 골라내고, 악한 것은 버리는 것.
① 택법각분(擇法覺分): 지혜로 모든 법을 살펴서 선한 것은 골라내고, 악한 것은 버리는 것.
② 정진각분(精進覺分): 가지가지의 수행을 할 때에 쓸데없는 고행은 그만 두고, 바른 도에 전력하여 게으르지 않는 것.
③ 희각분(喜覺分): 참된 법을 얻어서 기뻐하는 것.
④ 제각분(除覺分): 그릇된 견해나 번뇌를 끊어버릴 때 참되고 거짓됨을 알아서 올바른 선근을 기르는 것.
⑤ 사각분(捨覺分): 바깥 경계에 집착하던 마음을 여읠 적에 거짓되고 참되지 못한 것을 추억(追憶)하는 마음을 버리는 것.
⑥ 정각분(定覺分): 정에 들어서 번뇌 망상을 일으키지 않는 것.
⑦ 염각분(念覺分): 불도를 수행함에 있어서 잘 생각하여 정(定)·혜(慧)가 고르게 하는 것. 만일 마음이 혼침(昏沈)하면 택법각분·정진각분·희각분으로 마음을 일깨우고, 마음이 들떠서 흔들리면 제각분·사각분·정각분으로 마음을 고요하게 한다.
(7) 8정도: 열반의 피안에 이르기 위한 여덟 가지 도법(道法)으로 8도성지(八聖道支) 또는 8정도분(八正道分)이라고도 한다. 불교의 중요한 실천 수행 종목. 이것이 중정(中正)·중도(中道)의 완전한 수행법이므로 정도, 성인의 도이므로 성도, 또 8종으로 나누었으므로 지 또는 분이라 한다. 정견(正見)·정사유(正思惟)·정어(正語)·정업(正業)·정명(正命)·정정진(正精進)·정념(正念)·정정(正定)의 8종. 이 팔정

수 있다. 이와 같은 단계를 거치며 수행한 결과로 얻어지는 것이 바로 '아라한'이라는 깨달음의 경지이다.

아라한이란 살적(殺賊) 또는 무학(無學)으로 번역된다. 살적이란 모든 번뇌의 도적을 없애는 것, 곧 사람의 마음을 현혹시켜 지옥에 떨어지게 하는 마음의 도적을 모두 죽여 없앤다는 뜻이며, 무학이란 아라한과를 증득하게 되면 그때부터는 아무것도 더 이상 배울 것이 없다는 뜻으로 수행의 완성을 의미한다. 그러므로 아라한과를 증득하면 능히 공중을 날아다니기도 하고 또 몸을 어떤 모양으로도 변화시킬 수 있으며, 광겁(曠劫)이라는 한없는 기간 동안 영생할 수 있고, 또 가만히 앉아서 조화를 부릴 수 있으며, 하늘과 땅을 마음대로 움직일 수 있다고 한다. 이러한 무소불위(無所不爲)한 능력이 실제로 가능하다고 보는 사람도 있으나 대승적 견지에서 볼 때는 다만 마음에 일체의 걸림이 없는 무애(無碍)의 경지에 이르게 되면 어떠한 처지에서도 자유자재로울 수 있다는 것을 표현한 것이라 할 수 있다.

4단계 가운데 아라한 다음은 아나함(阿那舍)으로 불환(不還)이라 번역된다. 이 과는 곧 한번 죽으면 그 영혼이 천상계 중의 19천인 무상천(無想天)에 태어나 거기서 아라한과를 증득하여 두 번 다시 인간계에는 환생하지 않는다고 한다.

아나함 다음은 사다함으로 일래(一來)라 번역된다. 한 번 천

도는 중정·중도의 완전한 수행법으로써 부처님이 최초의 법문 가운데서 이것을 말하신 것. 사제·십이인연과 함께 불교의 원시적 근본 교의(敎義)가 된다.
이상과 같은 모든 법이 청정해져 마침내는 8만4천 다라니문(陀羅尼門)까지도 청정해진다.

상에 태어났다가 다시 또 한 번 인간계로 돌아와 수행을 통해 비로소 아라한과를 증득하는 과(果)를 말한다.

다음은 수다원으로 예류(預流)라 번역된다. 이 과는 일곱 차례 천상과 인간계를 왕래하다가 비로소 아라한과를 증득하는 것을 말한다. 이 과도 결국은 깨달음의 단계를 표현한 것으로 일념(一念) 사이에 칠생칠사(七生七死)를 윤회하며 아라한과를 증득한다는 뜻이다. 그러면 아라한과를 증득한다는 것은 무엇인가?

앞에서는 공중을 날아다니고 천지를 움직이며 어떤 것이든 변화시킬 수 있는 무한한 능력을 발휘한다고 했지만 그 경지에 다다르기 위해서는 모든 번뇌의 근본이 되는 애욕을 단절하는 것이 무엇보다 우선으로 넘어야 할 장벽이다. 일체 번뇌는 애욕을 바탕으로 일어나며 그것이 수행을 방해하는 가장 끊기 어려운 장애이기 때문이다.

애욕(愛欲)이란, 어떤 사물에 대해 욕심을 가지고 집착하는 마음을 말한다. 탐내어 집착하는 마음, 욕망에 사로잡힌 마음을 이른다. 세속적으로는 내 마음에 맞는 순경(順境)에 이끌려 번뇌를 일으키는 것으로만 생각할 수 있으나, 그와 반대로 마음에 들지 않는 역경(逆境)에 대해 화를 내거나 진심을 일으키는 것 또한 애욕에서 비롯된다. 그 밖의 모든 번뇌 망상도 결국은 이 '애욕'이 원인이 되어 일어나는 것이다.

아라한과를 증득한 자는 모든 번뇌 망상을 수족을 단절하듯 모두 소멸시키고 결코 다시는 번뇌 망상이 일어나지 않는 경지에 이른 자이다. 최상의 깨달음을 얻었다는 것을 의미한다.

제2장
소득이 없는 길

부처님께서 말씀하셨습니다.

"출가 사문이여, 애욕을 끊어 버리고 스스로 마음의 근원을 알아내어 불법의 심오한 이치에 도달해 무위법(無爲法)을 깨달으면, 안에서 얻을 것도 없고 밖에서 구할 것도 없다. 마음이 도(道)에 얽매이지 않으면 업(業)을 맺지도 않을 것이요, 생각할 것도 지을 것도 없으면 수행할 것도, 증득할 것도 없으니 모든 단계를 거칠 것도 없이 자연히 가장 높아지리라. 이것을 이름하여 도(道)라 한다."

佛言: 出家沙門者, 斷欲去愛, 識自心源, 達佛深理,
불언   출가사문자   단욕거애   식자심원   달불심리
悟無爲法, 內無所得, 外無所求, 心不繫道, 亦不結業,
오무위법   내무소득   외무소구   심불계도   역불결업
無念無作, 非修非證, 不歷諸位, 而自崇最, 名之爲道.
무념무작   비수비증   불력제위   이자숭최   명지위도

해설

이 장에서는 불교의 교법 가운데서도 매우 고상유현(高尚幽玄)한 돈교(頓敎)[4]에 대해 설하고 계신다.

---

4 돈교(頓敎): 돈교는 다음과 같이 여러 가지 뜻을 가지고 있다. 참고로 사전의 해석을 옮긴다.
 (1) 5교의 하나. 화엄종에서 『유마경』과 같이 문자나 언어를 여의고 수

애욕(愛欲)이란 모든 것을 탐하는 마음을 총칭한 것으로써 그 가운데서도 가장 제거하기 어려운 것이 애(愛)이기 때문에 수많은 번뇌 중에서 애를 첫 번째로 꼽아 경계할 것을 당부하신 것이다.

무릇 우리의 본심을 문란케 하는 가장 주된 존재는 애욕이다. 그러므로 애욕을 끊어 버리기만 한다면 마음의 동요가 없어져 고요한 상태에 들 수 있고, 마음이 고요해지면 스스로 본원(本源)이 밝아져 깨달음을 얻게 되는 것이다. 그 자심(自心)의 본원을 깨닫게 되면 천지만물 모두가 마음의 그림자라는 것을 알게 된다. 그것을 '불법의 심오한 이치에 도달했다'고 하며, '무위법을 깨달았다'고 하는 것이다. 이와 같이 깨달음의 경지에 이르면 천지만물과 내가 별개의 존재가 아니므로 별도로 다른 곳을 향해 구할 것도 없거니와 안에서 얻을 것도 없게 된다.

행의 차례를 말하지 않고, 말이 끊어진 진여(眞如)를 가리킨 교법.
(2) 화의(化儀) 4교의 하나. 천태종에서 소승·대승의 차례에 따르지 않고, 바로 처음부터 대승 일불승(一佛乘)의 법을 말한 것. 석존이 성도한 뒤에 곧 설하신 『화엄경』의 설법.
(3) 남중(南中) 3교의 하나. 부처님이 맨 처음에 모든 보살들을 위하여 고상하고 묘한 『화엄경』을 한꺼번에 설하여, 해가 뜰 때에 먼저 높은 산을 비추는 것과 같음을 말한다.
(4) 광통(光統) 3교의 하나. 한 법문에서 상(常)과 무상(無常), 공(空)과 불공(不空) 등을 구족하게 말한 것. 한 때에 모든 법문을 구족하게 설한 교를 말한다.
(5) 2교의 하나. 정영(淨影)·혜관(慧觀)·지장(智藏)·법운(法雲)·보리류지(菩堤流支) 등은 소승·대승의 차례를 거치지 않고, 바로 처음부터 대승의 교리를 한꺼번에 깨달은 중생에 대해서 설한 교법을 말한다.
(6) 2교의 하나. 선도(善導)는 수행의 지위 점차를 거치지 않고, 속히 증과(證果)를 얻는 『관경(觀經)』, 『미타경(彌陀經)』 등에서 말한 교법을 말한다.

별도의 미(迷)함도, 깨달음(悟)도 없으면 마음이 깨달음의 도에 얽매여 있을 까닭이 없고 또 미(迷)가 되는 모든 종자의 업(業)이 지어질 까닭도 없는 것이다. 또한 마음으로 생각할 것도 지을 것도 없고 수행해야 할 괴로움도 증(證)과 오(悟)를 득했다는 것조차 없이 바로 도를 얻을 수 있다고 하였다.

다른 경문에서는 범부(凡夫)가 부처가 되려면 40위(位), 또는 52위(位)의 단계를 거쳐야 된다고 설해져 있으나 지금 이 돈교의 경지에서는 불력제위(不歷諸位), 즉 위(位)의 단계를 거치지 않고 최고의 경지에 다다르게 된다는 것과 이렇게 높이 숭앙받게 되는 것, 그것이 바로 진실한 도(道)임을 천명하였다.

제3장
무소유의 삶

부처님께서 말씀하셨습니다.

"머리와 수염을 깎아 버리고 사문이 되어 불도(佛道)의 법을 받는 자여, 세속적 재물을 버리고 걸식하는 것으로 만족하라. 하루 한 끼만 먹고, 나무 아래서 잠을 자되 삼가 거듭 머물지 말라. 사람을 어리석게 하는 것은 애(愛)와 욕(欲)이다."

佛言: 剃除鬚髮, 而爲沙門, 受道法者, 去世資財, 乞求取足, 日中一食, 樹下一宿, 愼勿再矣, 使人愚蔽者, 愛與欲也.

해 설

이 장에서는 출가 사문이 애와 욕을 버리고 바르게 수행할 수 있는 방법에 대해 설하고 계신다.

자신의 몸에서 가장 중요한 장식물의 하나인 머리와 수염을 깎아 버리고 육친과 헤어져 불문에 들어온 사문이 그 법을 받고자 할 때 무엇보다도 먼저 해야 할 일은 애욕을 단절하는 것이다.

부모로부터 받은 머리와 수염을 깎아 버린다는 것은 그 생명을 보전하기 위해 필요한 세상의 모든 물건, 곧 먹는 것, 입는 것, 주거하는 것 등을 멀리하겠다는 각오를 세운 것과 같다. 이제부터 생활에 필요한 모든 것은 최소한으로 줄이고 그것조차 빌어 쓰는 것만으로 족하게 여겨야 하는 것이 수행의 첫 걸음이다.

이른바 탁발로 그 날 그 날 먹을 것을 빌어 하루 한 끼만 먹되, 아침에 먹어야 할 것도 저녁에 먹어야 할 것도 없이 다만 낮에 한 끼만 먹는 것에 만족해야 하는 것이 수행사문의 도리이다. 또한 오후에는 과일 같은 것도 먹지 않는 것이 250계를 지키는 행상이다.

주거하는 집에 대해서도 마찬가지이다. 일처부주(一處不住), 즉 여기가 내가 사는 집이라 하여 머물 곳을 정해 놓지 않는 것이 수행사문의 주거법이다. 어느 곳에서든 해가 저물면 그곳을 그날 머무는 곳으로 삼아야 하니, 나무 밑에서 좌선하며 이슬을 피하고 자되 한 곳에서 다시 숙박함을 삼가고, 하루에 두 끼를 먹어서도 안 되며, 한 곳에서 이틀을 지내서도 안 된다고 하였다.

무릇 사람을 어리석게 만드는 것, 곧 진실한 마음의 지혜와 광명을 가려 모든 도리를 바로 볼 수 없게 하는 것은 바로 애(愛)와 욕(欲)이다. 애욕의 굴레로부터 벗어날 수 있는 것은 의식주로부터 자유스러워지는 것이며 그것이 애욕으로부터 벗어나는 첩경이라고 할 수 있다. 입는 것, 먹는 것, 잠자는 것 등 가장 원초적인 욕구가 자신의 의지에 의해 제어되어야 애욕을 제압할 수 있기 때문이다.

제4장
선한 일 열 가지

부처님께서 말씀하셨습니다.

"중생은 열 가지 일로 선(善)을 삼고, 열 가지 일로 악(惡)을 삼는다. 열 가지 선악이란 무엇인가? 신삼(身三), 구사(口四), 의삼(意三)이 바로 그것이다.

신삼(身三)이란 살생·도적질·음란을 말하고, 구사(口四)란 양설(兩舌)·악구(惡口)·망언(妄言)·기어(綺語)를 말하며, 의삼(意三)이란 질투·진에·어리석음을 말한다.

이와 같이 열 가지를 성도(聖道)에 어긋나게 하면 십악행(十惡行)이라 하고, 이 십악행을 하지 않으면 십선행(十善行)이라 한다."

佛言: 衆生以十事爲善, 亦以十事爲惡. 何等爲十. 身三口四意三. 身三者; 殺盜淫, 口四者; 兩舌惡口妄言綺語, 意三者; 嫉恚癡. 如是十事, 不順聖道, 名十惡行, 是惡若止, 名十善行耳.

해 설

이 장에서는 열 가지 선한 것과 악한 것을 상세히 풀어 악행하지 말 것을 가르치고 계신다.

무릇 사람이란 고의든 아니든 많은 잘못과 업을 지으며 살아간다. 사람의 모든 행동거지는 모두 업을 짓는 것이라고 해도 과언이 아닐 것이다. 이것을 요약해 말한다면 몸으로 짓는 것, 입으로 짓는 것, 마음으로 짓는 것, 곧 신·구·의(身口意) 삼업(三業)이라고 할 수 있다.

몸으로 행하는 것은 크게 선과 악과 선도 아니고 악도 아닌 무기(無記)라는 것으로 나누어진다. 곧 시장하면 먹고 추우면 옷을 입어야 하고 피로하면 쉬고 잠자는 것 등은 생명을 보존하기 위한 본능적 욕구에 속한다. 이러한 것들은 선악으로 구분되어지는 것이 아닌 중간성(中間性)으로 선악의 결과를 끌어오지 않는 것을 말한다. 단, 음식을 먹는 데 있어서나 의복을 입는 데 있어 자신에게 필요한 것만큼만 자기 것으로 한다면 선악에 관계가 없으나 필요 이상을 원하는 행위는 자기와의 관계에 있어서 선악의 차별이 따르게 된다.

이와 같이 선행과 악행에는 많은 구별이 있다. 그것을 부처님께서는 신삼(身三), 구사(口四), 의삼(意三)이라 하여 열 가지로 요약해 놓았다.

첫째, 몸으로 짓는 세 가지 업, 즉 신삼이란 살생·투도·사음을 말한다. 살생이란 모든 살아 있는 것의 생명을 괴롭히거나 살해하는 것을 말하고, 투도란 남의 물건을 도적질하는 것을 말하며, 사음이란 부부가 아닌 남녀가 도리에 어긋난 관계를 갖는 것을 말한다.

둘째, 입으로 짓는 네 가지 업, 즉 구사란 양설(兩舌)·악구(惡口)·망언(妄言)·기어(綺語)를 말한다. 양설이란 이간어(離間語), 곧 사람과 사람 사이에 좋은 것을 나쁘게 옮겨 친한 사이를 이간시키는 것이고, 악구란 남에게 욕하는 것을 말하며, 망언이란 근거 없는 말을 하거나 거짓말로 남을 속이는 것을 말한다. 기어란 남을 희롱하거나 근거도 없는 것을 꾸며 말하고 함부로 말하는 것을 뜻한다.

셋째, 생각으로 짓는 세 가지 업, 즉 의삼의 '질에치'란 남의 좋은 일을 시기 질투하는 것, 공연히 화를 내는 것, 어리석어 도리 판단이 현명하지 못한 것을 말한다. 여기서 어리석다는 말은 세간에서 말하는, 두뇌가 나빠 사리 판단이 둔하다는 뜻이 아니라, 가까이는 인과(因果)의 도리에 어두워 아견(我見)과 집착(執着)이 강하다는 것이고, 멀리는 우주만상의 본체와 실상에 요달하지 못해 유현(幽玄)한 도리를 알지 못하는 어리석은 소견을 말한다. 그러므로 학문과 지식이 아무리 많다 하더라도 아견과 집착이 강하고 세속적 사유에 얽매여 실상의 도리에 어둡다면 아무리 대학자나 호걸이라 할지라도 불교에서 볼 때는 우치하게 보여 연민하지 않을 수 없는 것이다.

이와 같이 열 가지 도리를 불타의 가르침대로 따르지 않고 함부로 범하는 것을 십악행이라 하는데, 만약 이 십악행을 중지하고 범하지 않으면 십선행이라 한다고 말씀하셨다. 또 이 십선행을 반드시 행하고 계율을 범하지 않겠다는 서원을 세워 어그러짐 없이 행하면 10선계라 한다.

제5장
뉘우침의 생활

부처님께서 말씀하셨습니다.

"사람이 여러 가지 허물이 있으면서도 스스로 뉘우치지 않고 그 마음을 잠시도 그치지 않으면 죄가 몸에 미치는 것이 마치 물이 바다로 모여드는 것처럼 점점 깊고 넓어 질 것이다. 만약 허물이 있는 사람이라도 스스로 잘못을 알아 악을 고치고 선을 행하면 죄가 스스로 소멸될 것이니 이는 마치 병이 났을 때 땀을 흘리고 나면 점차 병이 낫는 것과 같다."

佛言: 人有衆過, 而不自悔, 頓息其心, 罪來赴身, 如水歸海, 漸成深廣. 若人有過, 自解知非, 改惡行善, 罪自消滅, 如病得汗, 漸有痊損耳.

해설

이 장에서는 허물의 죄과와 참회의 도리를 가르치고 계신다.

아직 깨달음을 얻지 못한 범부(凡夫)의 신분일 때는 누구를 막론하고 다소의 과오가 없다고는 할 수 없다. 그런데 많은 과오를 범하면서도 그것을 과오라 생각하지 않고 허물을 허물이라 생각하지 않는 것이야말로 가장 경계하고 두려워해야 할 것이다. 스스로 뉘우치고 반성하고 고쳐야 할 허물이 있다면 지체 없이 고쳐야 한다.

그러나 만약 오욕(五欲)에 얽매여 고치지 않으면 그것은 곧 죄과가 되어 자신에게 미치는 것이 마치 여러 곳의 물이 바다로 모여들어 점점 깊고 넓게 되는 것과 같다. 설령 일단의 허물이 있다 하더라도 스스로 그것이 악행이고 과오였다는 것을 깨달아 뉘우치고 반성하여 진심으로 개악작선(改惡作善)한다면 죄는 스스로 소멸되는 것이다.

부처님께서는 이와 같은 참회의 도리를 병자에게 비유하여 "병이 났을 때 충분히 땀을 흘리고 나면 점차 병이 낫는 것과 같다"고 말씀하고 계신다.

참회에는 이(理)의 참회, 사(事)의 참회, 오(悟)의 참회 등 여러 가지 종류가 있으나 여기서는 참회에 대한 해설이 아니므로 생략한다.

제6장
인 욕

부처님께서 말씀하셨습니다.

"악한 사람이 남의 선행을 듣고 소란을 피우더라도 그대는 스스로 금식(禁息)하여 진책(瞋責)함이 없어야 한다. 남에게 악하게 하는 자는 스스로 악하게 된다."

佛言: 惡人聞善, 故來撓亂者, 汝自禁息, 當無瞋責,
불언   악인문선   고래요란자   여자금식   당무진책
彼來惡者而自惡之.
피래악자이자악지

해설

이 장에서는 악한 사람에 대한 감인(勘忍)의 도리에 대해 가르치고 계신다.

앞의 제4장에서 '열 가지 악행[十惡行] 중, 남을 시기 질투하는 것도 악행의 하나라고 하였다. 마음이 악한 자는 남의 좋은 일을 보거나 듣게 되면 함께 좋아하고 기뻐하는 것이 아니라 시기심과 질투심이 일어나 어떠한 방법으로든지 그의 선행을 깎아 내리려고 계획적으로 접근하여 터무니없는 말로 모함하거나 소란을 피우거나 갖가지 질투심을 나타내어 괴롭히려 한다.

만약 그와 같은 악인을 만나더라도 스스로 금식(禁息)하고 마음을 다스려 진책(瞋責)함이 없어야 한다. 절대 노하거나 화를

내어 악인을 상대해서는 안 된다. 이쪽에서 그 악인을 책망하거나 벌하지 않아도 그 악인은 자신에게 해가 되는 짓을 행한 탓으로 스스로 그 과보를 받게 될 것이므로 스스로 벌하거나 보복하겠다는 마음을 가져서는 안 된다고 부처님은 말씀하고 계신다. 이 가르침은 다음 장에서도 계속된다.

제7장
악이 머물 곳

부처님께서 말씀하셨습니다.

"내가 도(道)를 지키며 크나큰 자비를 행한다는 말을 듣고는 일부러 찾아와 나를 욕하고 꾸짖는 사람이 있었다. 그러나 나는 묵묵히 그를 거들떠보지도 않았다. 그는 이내 욕하기를 그쳤다. 그에게 물었다.

'그대가 어떤 사람에게 선물을 드렸으나 그 사람이 그것을 받지 않는다면 그 선물은 그대가 다시 가지고 가야 하지 않겠느냐?'

'제가 가지고 돌아가야겠지요.'

나는 그 말을 듣고 이렇게 말해주었다.

'그대가 나를 욕하고 꾸짖어도 내가 지금 그것을 받지 않았으니 그대는 그 욕하고 꾸짖은 화를 그대로 가지고 돌아가게 되었다. 이것은 마치 메아리가 소리를 따르고 그림자가 형체를 따르는 것과 같이 끝내 떠나지 아니하니 삼가 악을 행하지 말라.'"

佛言: 有人聞吾守道行大仁慈, 故致罵佛. 佛默不對,
불언 유인문오수도행대인자 고치매불 불묵부대

罵止. 問曰: 子以禮從人, 其人不納, 禮歸子乎. 對曰:
매지 문왈 자이예종인 기인불납 예귀자호 대왈

歸矣. 佛言：今子罵我, 我今不納, 子自持禍, 歸子身
귀 의   불언 금자매아 아금불납 자자지화 귀자신
矣. 猶響應聲, 影之隨形, 終無免離, 愼勿爲惡.
의   유향응성   영지수형   종무면리   신물위악

해설

이 장에서는 악한 사람을 감인(勘忍)하는 것에 대해 앞에서 가르치신 것을 다시 한번 예를 들어 강조하고 계신다.

어느 때에 마음씨가 몹시 나쁜 사람이 있었다. 그는 부처님께서 항상 바르고 진실한 도를 지켜나가며, 다른 사람에게도 광대무변한 자비를 베푸신다는 말을 듣고는 이를 시기·질투하여 부처님 계시는 처소로 달려가 갖은 악언으로 부처님에게 욕하며 비방하였다. 그러나 부처님께서는 잠자코 앉아 한 말씀도 대꾸하지 않았다. 그러자 간악한 마음을 가진 그도 싸울 상대가 없어 싸움이 되지 않으므로 곧 욕하고 비방하는 것을 그쳤다.

그때 부처님께서 물으셨다.

"그대가 어떤 사람에게 선물을 주고자 가져갔을 때 아무리 사정하고 받아달라고 하더라도 상대가 그 선물을 받지 않는다면 그 물건은 도로 그대가 가지고 돌아갈 수밖에 없지 않겠는가?"

"그렇게 되면 할 수 없이 가지고 돌아오는 수밖에 다른 도리가 없겠지요."

그러자 부처님께서 말씀하셨다.

"그렇다면 그대가 나를 아무리 심하게 꾸짖고 욕해도 내가 그것을 받아들이지 않는다면, 꾸짖고 비방하고 욕을 한 그 악

심에서 일어난 재화(災禍)는 그대 몸에 덧붙어 돌아감이 마땅하지 않겠는가? 그것은 마치 메아리가 소리를 따라 응하는 것과 같고, 그림자가 형체를 따라 나타나는 것과 같으니 결국 이것은 어떠한 방법으로도 면할 수 없는 인과(因果)의 도리인 것이다. 그러므로 결코 악행을 해서는 안 된다."

제 얼굴에 침 뱉기

부처님께서 말씀하셨습니다.

"악한 사람이 성현을 해치는 것은 마치 하늘을 향해 침을 뱉으면 하늘에 닿지 못하고 결국 자신의 몸에 떨어지는 것과 같고, 바람을 거슬러 먼지를 날리면 저쪽으로 날아가지 않고 내 몸으로 날아드는 것과 같다. 그러므로 어진 이를 훼손해서는 안 된다. 그로 인한 화는 결국 자신을 멸하게 된다."

佛言: 惡人害賢者, 猶如仰天而唾, 唾不至天, 還從己
불언 악인해현자 유여앙천이타 타부지천 환종기
墮, 逆風颺塵, 塵不至彼, 還坌己身, 賢不可毁, 禍必
타 역풍양진 진부지피 환분기신 현불가훼 화필
滅已.
멸이

해설

이 장에서는 시기와 질투로 말미암아 스스로에 미치는 재화를 경계하고 계신다.

심성이 악한 자가 어진 성현을 해치고자 하는 것은, 하늘을 향해 침을 뱉는 것과 같다. 아무리 높이 뱉는다 할지라도 하늘에 닿지 못하고 결국은 제 얼굴에 떨어져 자신을 더럽히는 것과 같은 것이다.

또 바람이 정면으로 불어올 때 먼지를 날린다면 그 먼지는 어디로 날아갈까? 그것은 상대에게로 가지 않고 전부 자기 쪽으로 날아와 결국 자신의 몸만 더럽히게 된다.

성현을 해치려는 것도 바로 이와 같다. 그 재화(災禍)는 결국 자기 자신에게 되돌아와 자신의 몸만 멸하게 되는 것이다.

실천, 실천

부처님께서 말씀하셨습니다.

"널리 듣고 도를 사랑하는 것만으로는 도를 알기 어렵다. 뜻을 지키고 도를 받들어 행할 때 그 도가 심히 큰 것이다."

佛言: 博聞愛道, 道必難會, 守志奉道, 其道甚大.
불언   박문애도   도필난회   수지봉도   기도심대

해설

이 장에서는 진실로 도를 배우는 것이란 어떤 것인지 그 방법과 요체에 대해서 설하고 계신다.

박문애도(博聞愛道), 곧 폭넓은 지식을 배우고 여러 가지 서적을 탐독하여 많은 강석(講釋)을 듣거나, 도를 사랑하고 불도(佛道)를 좋아하며 마음으로 연모하는 것도 대단한 공부요 업적임에는 틀림없다.

다만 그 도리를 좋아하고 서적을 읽거나 강석을 듣는 것에 그칠 뿐 실제로 실천궁행(實踐窮行)하지 않으면 그것은 도를 배운다고 할 수 없으니 곧 진정한 도를 알기도 어렵거니와 진실한 경지에 합치될 수 없다. 비록 많은 서적을 읽지 못하고 많은 강석을 듣지 못했다 할지라도 뜻을 굳게 지키고 도를 봉행

하면 그것이 바로 도를 실천궁행하는 바른길이다.

뜻을 굳게 지킨다는 것은 한번 마음에 작정한 것은 어떤 일이 있어도 끝까지 관철한다는 뜻이니, 두 가지 마음을 내지 않고 오직 그 길만 가겠다는 초지일관의 각오를 말한다.

도를 받든다는 것은 생각만 가지고 되는 것이 아니라 어떤 경우에라도 실천궁행해야 한다는 뜻이니, 백 번의 생각보다 한 번의 실천이 더욱 중요하다는 것과 같은 의미이다. 뜻을 지켜 실천궁행할 때만이 진정한 도를 체득할 수 있으며 그러한 도가 행해질 때 그 공덕은 무한히 크며 다함이 없는 것이다.

다함없는 복

부처님께서 말씀하셨습니다.

"도를 베푸는 사람을 보거든 그를 도와주고 진심으로 기뻐하라. 그리하면 그대 역시 큰 복을 받으리라."

부처님의 말씀을 들은 어떤 사문이 부처님께 여쭈었습니다.

"그리하면 도를 베푼 자의 복이 전부 없어지지 않겠습니까?"

그러자 사문의 말을 들은 부처님께서 말씀하셨습니다.

"하나의 횃불에서 수천 수백의 사람이 각기 불을 당겨 그 불로 음식을 익히고 어둠을 밝혀도 본래의 횃불은 닳거나 없어지지 아니한다. 복(福)이라는 것도 이와 같다."

佛言: 覩人施其道, 助之歡喜, 得福甚大. 沙門問曰:
불언   도인시기도   조지환희   득복심대   사문문왈
此福盡乎. 佛言: 譬如一炬之火, 數千百人, 各以炬
차복진호 불언   비여일거지화   수천백인   각이거
來, 分取熟食除冥, 此炬如故, 福亦如之.
래   분취숙식제명   차거여고   복역여지

해 설

이 장에서는 수희공덕(隨喜功德)과 복의 무량함에 대해 횃불을 비유로 들어 말씀하고 계신다.

이것은 앞에서 남의 선행을 보고 시기·질투하는 것과는 반대로 다른 사람이 좋은 일을 하는 것을 보았을 때 진실로 기뻐하며 그를 도와준다면 그것이 곧 자신의 공덕과 복이 된다고 말씀하시는 법문으로, 범부로서는 내기 어려운 마음을 내는 것이 큰 공덕이 됨을 가르치는 것이다.

도를 베푼다는 것은 많은 사람들에게 좋은 일을 한다는 뜻인데 불도에서는 여러 가지 좋은 일 중에서도 육바라밀을 가장 수승한 선사(善事)로 삼고 있다. 육바라밀이란 보시(布施)·지계(持戒)·인욕(忍辱)·정진(精進)·선정(禪定)·지혜(智慧) 등 여섯 가지 선사(善事)로, 여기서는 보시(布施) 한 가지를 들어 공덕과 복의 무량함을 말씀하신 것이다.

'남에게 베푼다'는 뜻의 보시에는 재시(財施)·법시(法施)·무외시(無畏施)의 세 가지가 있다. 이 중에서 도(道)를 보시하는 것을 법시(法施)라 하여 재시나 무외시보다도 더 큰 보시로 여긴다. 사실 사람들에게 도를 베풀어 가르쳐 주는 것보다 존귀한 보시는 없기 때문이다. 그러므로 나 자신은 사람들을 교화하지 못한다 할지라도 다른 사람이 그러한 선행공덕을 행하는 것을 보았을 때 '아, 저 사람은 참으로 좋은 일을 하는구나. 내가 하지 못하는 일을 하는 그를 도울 수 있는 한 도와야겠다'는 생각으로 그의 선행을 진심으로 기뻐하고 즐거워하며 돕겠다고 발심하면 반드시 복을 얻게 되는 과보가 있는 것이다.

여기에 대해 의심을 품은 사문이 부처님께 여쭈었다.

"만약 '한'이라는 사람이 좋은 일을 많이 했다고 할 때 그 자선의 공덕은 원칙적으로 '한'에게 있으니 거기에 상응하는 복덕

(福德)은 그것을 행한 사람이 받게 되는 것이 옳을진대 '진'이라는 사람이 곁에서 그것을 기뻐하고 마음속으로 도와주고자 한 것만으로도 그 사람에게 공덕이 생겨 복을 받는다고 한다면 '진'에게 간 것만큼 '한'이 받아야할 복이 줄어드는 것 아닙니까?"

그러자 부처님께서 대답하셨다.

"여기에 하나의 횃불이 있다. 많은 사람들이 그 불에서 불을 붙여 가 음식을 익히고 어둠을 밝혀 유용하게 썼다. 불씨가 되어 준 본래의 횃불에 어떤 변화가 있겠느냐? 몇 천 몇 백 명이 불을 붙여 가도 처음 불씨가 되어 준 횃불에는 아무런 영향이 없는 것이다. 이와 같이 보시를 보고 환희한 공덕으로 아무리 많은 사람이 복을 받는다 해도 결코 도를 베푼 이의 복이 없어지는 것은 아니다."

다른 사람의 선행을 도와주며 기뻐하는 수희공덕이란 바로 이와 같은 것이다. 몇 천 몇 만 명이 따라서 기뻐해도 근원이 되는 '한'의 복덕은 줄거나 없어지지 않으며 수희한 사람들에게도 각기 자기의 공덕이 쌓이게 되는 것이다. 처음으로 선을 행한 사람도 다른 사람들의 선공덕(善功德)을 심어준 횃불과 같은 역할을 한 것이니 그만이 더 큰 복을 받는 것은 아니다. 그러므로 시방법계의 모든 일들은 일미평등(一味平等)한 것이다.

이 일미평등이란, 진리를 달관한 입장에서 할 수 있는 말로 매우 고상유현(高尙幽玄)한 까닭에 그 뜻을 깊이 새기고 실천궁행하여 그 묘미를 깨닫지 않으면 안 될 것이다.

참된 공양

부처님께서 말씀하셨습니다.

"백 사람의 악인에게 공양하는 것은 한 사람의 선인(善人)에게 공양하는 것만 못하고, 천 사람의 선인에게 공양하는 것은 한 사람의 오계(五戒)를 지키는 사람에게 공양하는 것만 못하며, 오계를 지키는 만 사람에게 공양하는 것은 한 사람의 수다원에게 공양하는 것만 못하고, 십만의 수다원에게 공양하는 것은 한 분의 사다함께 공양하는 것만 못하고, 천만의 사다함께 공양하는 것은 한 분의 아나함께 공양하는 것만 못하며, 일억의 아나함께 공양하는 것은 한 분의 아라한께 공양하는 것만 못하고, 십억의 아라한께 공양하는 것은 한 분의 벽지불께 공양하는 것만 못하고, 백억의 벽지불께 공양하는 것은 한 분의 삼세제불께 공양하는 것만 못하고, 천억의 삼세제불께 공양하는 것은 한 분의 무념(無念)·무주(無住)·무수(無修)·무증(無證)한 분께 공양하는 것만 못하다."

佛言: 飯惡人百, 不如飯一善人; 飯善人千, 不如飯一持五戒者, 飯五戒者萬, 不如飯一須陀洹; 飯十萬須陀

洹 不如飯一斯陀含; 飯千萬斯陀含, 不如飯一阿那
원 불여반일사다함   반천만사다함   불여반일아나

含; 飯一億阿那含, 不如飯一阿羅漢; 飯十億阿羅漢,
함   반일억아나함   불여반일아라한   반십억아라한

不如飯一辟支佛; 飯百億辟支佛, 不如飯一三世諸佛;
불여반일벽지불   반백억벽지불   불여반일삼세제불

飯千億三世諸佛, 不如飯一無念無住無修無證之者.
반천억삼세제불   불여반일무념무주무수무증지자

해설

이 장에서는 타인을 공양하는 공덕을 밝히고, 악인으로부터 제불에 이르기까지 어떠한 대상에게 공양하는 것이 가장 훌륭한 공덕이 되며, 무엇이 진정한 공양인지를 설하고 계신다.

공양(供養)에는 여러 가지가 있으나 여기서는 반식(飯食)공양 한 가지만을 예로 든 것이다. 일반적으로 공양을 베푼다는 것은 반식(飯食)보시의 총칭으로 이해하면 된다.

무릇 어떤 사람에게 공양을 베푼다고 했을 때, 그 보시(布施)의 선업으로부터 얻어지는 공덕은 결코 헛된 것은 아니다. 그러나 공양의 대상이 무엇이냐에 따라 공양의 가치와 의미가 달라진다.

부처님께서는 이를 아홉 단계로 나누어 공덕의 차이를 말씀하셨다. 악인보다는 선인(善人)에게, 세간의 선인보다는 불살생·불투도·불사음·불망언·불음주 등 5단계를 지키는 자에게 공양하는 것이 나으나 그보다는 수다원, 수다원보다는 사다함, 사다함보다는 아나함, 아나함보다는 아라한, 아라한보다는 벽지불, 벽지불보다는 삼세의 제불께 공양하는 것이 나은데 천억(千億)의 삼세제불께 공양하는 것보다도 한 사람의 무념·무

주·무수·무중의 도를 증득한 분께 공양하는 것이 가장 공덕이 광대하다는 도리를 밝히셨다.

수다원·사다함·아나함·아라한 등은 부처님 말씀을 듣고 깨달음을 얻었으므로 일명 성문(聲聞)이라 하며, 벽지불은 자연에서 일어나는 현상, 즉 꽃이 떨어지는 모습을 보거나 나뭇잎이 떨어지는 모습을 보고 문득 세상의 무상을 깨닫는 등 어떤 연(緣)에 의해 깨닫는 이를 말하며 연에 의해 깨닫는다는 뜻에서 연각(緣覺) 또는 스승 없이 깨닫는다는 뜻에서 독각(獨覺)이라 하기도 한다.

삼세제불(三世諸佛)이란 과거제불, 현재제불, 미래제불 등 삼세의 부처님을 가리킨 것이며 무량공덕을 쌓아 비지원만(悲智圓滿)의 과덕(果德)을 성취한 이를 지칭한다. 본 장의 부처님 말씀 중에서 우리는 아주 중요한 말씀 한마디를 발견하게 된다. 바로 무념·무주·무수·무증이 그것이다.

불교에서 '부처님'은 이 세상에 가장 존귀하기 때문에 세존(世尊) 또는 무량존(無量尊)이라 한다. 그런데 여기서 삼세제불보다도 더욱 존귀한 무념·무주·무수·무증한 분이 있다고 하셨다.

이 말씀은 부처라든가 중생이라든가 보리라든가 어떤 경우이든 이미 이와 같이 이름 지어진 것들은 모두 그 상(相)으로 나타낸 것일 뿐이며, 진실로 그 본체로 돌아가 진여(眞如)와 법성(法性)이라는 면에서 본다면 『원각경(圓覺經)』[5]에 설해져 있는

---

[5] 원명은 『대방광원각수다라요의경(大方廣圓覺修多羅了義經)』, 당 불타다라 번역, 대승(大乘) 원돈(圓頓)의 교리로 주로 관행(觀行)을 말한다. 주석서에는 「대소」 12권, 「대초」 13권, 「약소」 5권, 「약초」 12권이 있다.

'중생본래성불 생사열반(衆生本來性佛 生死涅槃)이 오히려 어젯밤에 꾼 꿈과 같다'고 한 것과 같다. 그러므로 그 경계를 여기서는 무념·무주·무수·무증이라 한 것이다.

무념(無念)이란 마음에 원하는 것도 없고 싫어하는 것도 없는 것을 말한다. 이러한 무념의 경지에 들면 생사(生死)에 집착하는 마음도 없고 열반을 기뻐하는 마음도 없어 주착(住着)을 벗어나게 되니 이것을 무주(無住)라 한다. 사물에 대한 집착을 벗어나 무주의 경지에 이르면 이미 별도로 수행할 필요도 없거니와 깨달음을 얻을 것도 없게 된다. 비유하자면 원래 병이 없는 사람이라면 치료할 필요도 없고 치료하지 않아도 늘 건강하여 심신이 편안한 것과 같다. 이러한 경계를 무수·무증이라고 한 것이다. 이 경계에서는 더할 것도 없고 뺄 것도 없다. 부처님께서 불법을 가르치신 목적은 궁극적으로는 여기에 있다고 보아도 될 것이다.

따라서 무념·무주·무수·무증인 자에게 공양하는 것은 무공양(無供養) 속에서 공양하는 것이므로 '무공덕(無供德)'의 공덕이 있는 것이다. 무공양의 공양, 무공덕의 공덕은 비유하자면 태양이 우리들에게 매일 열과 빛의 공양을 아끼지 않는 것과 같다고 할 수 있다. 우리는 태양으로 인해 열을 받아 춥지 않고 빛을 받아 어둡지 않게 지낼 수 있다. 그토록 무한한 공양을 베풀면서도 태양은 그 공양을 자랑하지도 않고 그 공덕을 뽐내지도 않으며 그 보답을 바라지도 않는다.

본래부터 그러했던 것처럼 임운방광(任運放曠)하게 '무공양의 공양', '무공덕의 공덕'을 한없이 베풀고 있는 것이다.

제12장
스무 가지 어려운 일

부처님께서 말씀하셨습니다.
"사람에게는 스무 가지 하기 어려운 일이 있다.
첫째, 가난하면 보시(布施)하기 어렵고,
둘째, 부귀하면 도를 배우기 어려우며,
셋째, 목숨을 버려 죽기 어렵고,
넷째, 부처님의 경전을 얻어 보기 어려우며,
다섯째, 부처님 계신 세상에 태어나기 어려우며,
여섯째, 색심(色心)과 욕심(欲心)을 참기 어렵고,
일곱째, 좋은 것을 보고 탐내지 않기 어렵고,
여덟째, 모욕을 당하고 화내지 않기 어렵고,
아홉째, 세력 있는 사람이 세력을 쓰지 않는 것이 어렵고,
열째, 일에 부딪혔을 때 무심하기가 어렵다.
열한째, 널리 배우거나 진리를 탐구하기 어렵고,
열두째, 아만심을 없애기 어렵고,
열셋째, 무식한 사람을 업신여기지 않기 어려우며,
열넷째, 평등한 마음을 내기 어렵고,
열다섯째, 옳고 그름을 말하지 않기 어려우며,

열여섯째, 선지식(善知識)을 만나기 어렵고,

열일곱째, 도를 배워서 견성(見性)하기 어렵고,

열여덟째, 방편(方便)을 풀어서 중생을 제도하기 어렵고,

열아홉째, 경계(境界)를 보았을 때 마음이 동요되지 않기 어려우며,

스무째, 방편을 잘 알아서 쓰는 것 또한 어렵다."

佛言: 人有二十難, 貧窮布施難, 豪貴學道難, 棄命必死難, 得覩佛經難, 生值佛世難, 忍色忍欲難, 見好不求難, 被辱不瞋難, 有勢不臨難, 觸事無心難, 廣學博究難, 除滅我慢難, 不輕未學難, 心行平等難, 不說是非難, 會善知識難, 見性學道難, 隨化度人難, 覩境不動難, 善解方便難.

해설

이 장에서는 누구나 다 행하기 어렵고 얻기 어려운 스무 가지 일에 대해 말씀하시며 어렵지만 실천하는 것이 도를 닦는 사람으로서의 도리임을 깨우쳐 주고 계신다.

행하기 어렵다는 것은 진리를 깨닫지 못하고 이미 관성화된 생활방식에 젖어 그저 남들 살아가는 대로 휩쓸려 살아가다 보면 도리를 거슬러 존재의 실상에 부합된 부처님의 가르침대로 살아가기가 지극히 어렵다는 뜻이다. 그 어려움을 여기서는 스

무 가지로 요약해 말씀하시는 것이다.

첫 번째는 빈궁보시난(貧窮布施難)이다. 보시에는 재시(財施)와 법시(法施), 무외시(無畏施)의 세 가지가 있는데 여기서 말하는 보시란 재시를 가리킨다. 생활이 빈궁하면 아무리 보시하고 싶은 마음이 있어도 실행하기 어렵다. 즉, 보시하려는 마음을 가지고 있다 하더라도 자신이 빈궁하여 오히려 남의 도움을 받아야 할 처지라면 물질적 보시는 할 수 없는 것이다.

실로 가난이란 살아가는 데 있어 가장 큰 불편한 것 중의 하나며, 도를 방해하는 장애의 하나이다. 그러므로 인간은 누구나 자신이 할 수 있는 범위 안에서는 일을 해야 한다. 어떤 일이든지 주어진 일에 열심히 노력하여 자신의 생활을 스스로 책임지고 나아가 다른 사람도 구원할 수 있는 최소한의 경제력을 가져야 구도자로서의 길을 갈 수 있는 것이다.

둘째는 호귀학도난(豪貴學道難)이다. 부귀를 누리며 호화방탕에 젖은 사람은 도를 배우기 어렵다는 뜻이다. 부귀를 누리는 사람치고 교만해지지 않는 사람은 드물다. 교만심이 생기면 도(道)가 들리지 않고 바른 도리는 애써 외면하려 든다. 모처럼 만물의 영장으로 태어났으면서도 먹고 입고 즐기는 것만을 가장 귀한 것으로 여기며 한평생 값있는 참된 도에 귀를 기울일 줄 모르고 그대로 일생을 마치는 사람도 결코 적지 않을 것이다.

그러므로 갈대처럼 났다가 허무하게 가는 것이 중생이라고 이름하는 것이다. 사람이 야만적으로 생기지 않고 기형으로도 생기지 않고 가난한 곳에 태어나지 않은 것만으로도 그 사람은 세 가지 큰 행복을 타고났다고 할 수 있는데 이 세 가지를 다 갖추고도 도가 무엇인지를 깨닫지 못하고 부귀에 젖어 방탕한 삶을 살아간다면 어찌 그런 사람을 행복한 사람이라 할 수 있겠는가? 부귀하더라도 교만하지 말고 항상 겸손한 마음으로 도를 배우려는 자세가 중요하다는 것을 가르치신 장이다.

셋째는 기명필사난(棄命必死難)이다. 목숨을 버려 죽는 것이 어렵다는 뜻이다. 옛 말씀에 '의(義)는 태산보다 무겁게 알고, 목숨은 기러기 털보다도 가볍게 여겨라' 하고 가르쳤고, 공자(孔子)는 '아침에 도를 듣고 저녁에 죽는 한이 있더라도 그것이 옳은 일이라면 가하다[朝聞道夕死可矣]'고 하였다. 곧 도(道)를 들을 수 있고 의(義)의 소중함을 알기만 한다면 설령 목숨을 버려야 하는 상황에서라도 마음 편하게 통찰할 수 있는 것이다.

넷째는 득도불경난(得覩佛經難)이다. 선을 행하고 사람의 도리를 다하며 사는 사람이라 할지라도 부처님의 가르침이 담긴 경전을 얻어 보기 어렵다는 것이다. 세상에는 여러 가지 도가 있고 교가 있지만 그 중에서도 불교와 같이 높고 깊고 존귀한 도는 없을 것이다. 그 도를 설하고 밝힌 불경은 이 세상 어떤 경전보다도 가장 위없이 최존무상(最尊無上)한 것이다. 그러므로 불경을 만나지 못하거나 읽어 보지 못한다면 이보다 더 불행한 일도 없을 것이다.

인간으로 태어나 살아가는 동안 부처님의 경문을 꼭 읽어 보리라는 생각만이라도 가진다면 그런 사람은 한 가지 불행은 덜었다고 할 것이다. 왜냐하면 지혜가 미혹에 가려진 사람은 아무리 불경이 부처님의 가르침이 담긴 최존무상한 경전이라고 가르쳐 주며 읽기를 권해도 귓전으로 들어 넘기고 외면하는 어리석음을 범하는 경우도 적지 않다.

다섯째는 생치불세난(生値佛世難)이다. 부처님 계신 세상에 태어나기 어렵다는 뜻이다. 과거에도 제불(諸佛)이 출현하셨고, 미래에도 출현하시겠지만 겨우 60~70년 정도 살다가 죽어가는 우리 범부 중생들로서 부처님 출세 시에 맞추어 태어난다는 것은 매우 어려운 일이다. 비록 그러한 세상을 만났다 할지라도 붓다의 가르침을 진실로 믿고 행한다는 것은 더욱 어려운 일이다.

여섯째는 인색인욕난(忍色忍欲難)이다. 색(色)을 참는 것이나 욕심을 참는 일이 어렵다는 뜻이다. 옛 사람들도 식(食)과 색(色)은 사람의 대욕(大欲)이라 하여 육신이 있는 한 의식주와 색연(色戀)은 참아질 수도 면할 수도 없는 것이라고 하였다. 다만 그것을 지나치게 탐하는 것만은 삼가라 하였다. 삼가는 것은 스스로 참고 억제하여 도리에서 벗어나지 않게 하는 것이다. 색과 욕에 대한 억제가 어렵기 때문에 『유교경』에서는 '참음[忍]의 덕에는 어떠한 지계고행(持戒苦行)도 미치지 못 한다'고 설하고 있다. 우리가 참음의 덕을 진실로 실행할 수 있다면 무엇 때문에 탐심을 일으킬 것인가?

일곱째는 견호불구난(見好不求難)이다. 마음에 드는 것을 보고도 탐하지 않기가 어렵다는 뜻이다. 같은 음식이라도 맛이 좋지 못한 것보다는 맛좋은 음식을 탐하게 되고, 같은 의복이라도 거친 것보다는 고운 것을 탐하게 되는 것이 인간의 본성이다. 그러한 본성의 욕구를 자제하며 인내하기가 어려운 만큼 탐욕에 대한 인내는 대단히 중요한 수행의 하나인 것이다.

여덟째는 피욕부진난(被辱不瞋難)이다. 남에게 이유 없이 욕을 먹거나 치욕스런 일을 당하고도 분한 마음을 내지 않기가 어렵다는 뜻이다. 앞에서 언급한 두 개의 항은 탐욕에 대한 경계에서 순경(順境)에 대한 인내인 데 비해 이것은 진에(瞋恚)에 대한 경계이며 역경(逆境)에 대한 인내의 마음가짐을 뜻한다. 무릇 감정을 가진 사람으로서 어떤 것이 참기가 어렵다 하여도 까닭 없이 다른 사람으로부터 꾸짖음을 듣는다거나 구타를 당한다거나 욕지거리와 수모를 당했을 때 일어나는 분노심보다 인내하기 더 어려운 것은 없다. 그런데 부처님께서는 과거세에 가리왕(歌利王)에 의해 몸의 마디마디가 찢겨졌어도 참고 견딘 공덕으로 지금은 부처가 되었다고 『금강경』에 설해져 있다.

우리 범부 중생들은 어떠한가? 참으로 하찮은 일에도 분노하고 아무것도 아닌 일에 진심(瞋心)을 내어 참지 못하고 그로 인해 화를 자초하는 경우가 비일비재하니 진에(瞋恚)를 경계하라 하신 것이다.

아홉째는 유세불림난(有勢不臨難)이다. 힘이 있고 세력이 있으면서도 그것을 과시하거나 쓰지 않는다는 것이 어렵다는 것이다. 어떤 어려움이 있거나 마음에 거리낌이 있을 때, 내 힘이 미치지 못한다면 할 수 없이 이를 악물고라도 참고 견디겠지만 나에게 충분한 세력이 있으면 그 힘을 과시하여 뭇사람들 위에 군림하려 하고, 나보다 약한 자에게는 위세를 나타내고자 하는 생각을 갖기 마련이다. 그것을 억제하고 겸손한 자세로 근신한다는 것은 결코 쉬운 일이 아니다. 이처럼 쉽지 않은 것을 실천하는 것이 참된 근신이 되는 것이다.

열째는 촉사무심난(觸事無心難)이다. 어떤 일에 부딪혔을 때 무심한 마음을 가지기 어렵다는 것이다. 어떤 일에 부딪히든지 무심한 상태로 마음에 동요가 일지 않으면 탐욕이나 진에가 일어나지 않겠지만 사람으로서 무심해지기란 쉬운 일이 아니다.

열한째는 광학박구난(廣學博究難)이다. 널리 배우고 널리 진리를 탐구하기가 어렵다는 것이다. 자신이 아는 것이 전부인 양 더 배울 것이 없다고 생각하는 사람이 있는가 하면 배움에 게을러 정진하려 하지 않는 사람도 있고 또 하찮은 지식을 가지고 크게 깨달은 양 자만하는 사람도 있다. 배움에 게을리 하지 말고 조금 배웠다 하여 만족하지 말라는 경계이다.

열두째는 제멸아만난(除滅我慢難)이다. 아만을 스스로 없애기가 어렵다는 뜻이다. 아만(我慢)이란 나만이 위대하고 훌륭한 것처럼 생각하여 남을 능멸하는 소아적 사고를 말한다. 이러한 병폐는 소위 학문을 많이 했다는 학자들에게 더욱 많이 나타난다. 자신의 학문과 학설만이 가장 훌륭한 것으로 생각하고 남의 학문을 우습게 여기는 아만은 고치기 어려운 병의 하나이다. 진실로 아는 사람은 스스로 겸손할 줄 알기 때문이다.

열셋째는 불경미학난(不輕未學難)이다. 곧 나보다 무식한 사람을 업신여기지 않기가 어렵다는 뜻이다. 차라리 무식한 사람은 동병상련(同病相憐)의 마음이 있어 남의 무식을 경멸하지 않으나 조금 배웠다고 아는 척하는 자는 자비심이 없어 분별없이 무시하고 경멸하니 이 또한 면하기 어려운 크나큰 병폐의 하나이다.

열넷째는 심행평등난(心行平等難)이다. 마음과 행동을 평등하게 가지기 어렵다는 뜻이다. 마음으로 생각하는 것과 행동하는 것이 서로 부합되는 것을 심행평등이라 한다. 생각하는 것과 행하는 것이 모두 일미평등(一味平等)하여 어떤 사람이나 차별 없이 대하는 것을 뜻하기도 한다.

무릇 중생이란 힘 있는 자를 보면 속으로는 경원하면서도 앞에서는 굽실거리며, 약한 사람을 보면 측은한 마음을 내기보다는 그 위에 군림하고자 한다. 이러한 보편적 중생심을 벗어나 일미평등한 마음을 낼 수 있도록 마음을 다스려 나가는 것이야말로 하나의 계율을 지키는 것보다 더 중요한 것이라 할 수 있다.

열다섯째는 불설시비난(不說是非難)이다. 옳고 그름을 보고 그것을 말하지 않기가 어렵다는 뜻이다. 옳다니 그르다니 남의 시시비비(是是非非)를 논하고 선악을 비평하여 가리려는 것도 자비심이 없는 데서 생기는 병폐의 하나이다. 마음이 자비로운 사람은 남의 악을 듣거나 보게 되면 그르다거나 나쁘다고 하기 전에 오히려 그의 악행을 가슴 아파하며 어떻게 하면 좋을까 하는 안타까운 마음이 일어날 것이다. 그렇지 못하고 어떻게든 시시비비를 가리려 하거나 웃음거리 정도로 생각하는 것은 무자비의 극에서 나온다.

열여섯째는 회선지식난(會善知識難)이다. 살아가는 동안 올바른 선지식을 만나기 어렵다는 뜻이다. 선지식을 만나 그 가르침을 받겠다는 진실한 마음을 내기도 어렵거니와 아만심이 가득 차 있는 사람은 설령 선지식을 만났다 하더라도 그가 선지식임을 알지 못하고 하찮은 인물 정도로 여기거나 자신의 척도로 상대를 재려 하니 이런 사람은 결코 선지식을 만나지 못한다. 진실로 선지식을 만나 가르침을 받고 법을 얻는다는 것은 어려운 일이다.

열일곱째는 견성학도난(見性學道難)이다. 진실로 불법의 깨달음을 얻는다는 것이 어렵다는 뜻이다. 성(性)이란 진여법성(眞如法性)을 뜻하고, 도(道)란 보리무상도(菩提無上道)를 의미한다. 그 무상도를 수습(修習)하여 법성을 개오(開悟) 증득하지 않고서는 무엇을 말한다 해도 모두가 지엽적인 것으로 공론에 불과하다. 입으로만 지껄이는 것은 결국 아무것도 이루지 못하고, 말로만 하는 도(道)는 도의 문도 두드리지 못한다. 오로지 철저한 수습만이 견성학도의 바른 길이요 구도자의 도리인 것이다.

열여덟째는 수화도인난(隨化度人難)이다. 방편을 풀어서 중생을 제도하기 어렵다는 뜻이다. 사람마다 근기가 다르고 환경과 상황이 달라 일률적인 것만으로는 교화 제도하기가 어려운 것이다. 이러한 사람에게는 이렇게, 저러한 사람에게는 저렇게, 저마다의 근기에 맞는 방편을 풀어 교화시킬 수 있어야 올바르게 제도할 수 있기 때문이다. 또 이 구절은 나 자신이 남으로부터 교화를 받는다는 뜻도 있는데 어떤 경우이든 쉽지 않음을 뜻한다.

열아홉째는 도경부동난(覩境不動難)이다. 어떤 경계(境界)를 보고도 마음이 동요되지 않는 부동심(不動心)을 내기 어렵다는 뜻이다. 색성향미촉(色聲香味觸) 등 다섯 가지 경계를 보거나 듣거나 접했을 때, 마음의 동요가 일지 않는 경지에 든다는 것은 결코 쉬운 일이 아니다. 사람의 마음을 가장 잘 동요케 하는 이 다섯 가지 경계를 보고도 동하지 않는 경지에 드는 것이 곧 불법을 수행함이요 부처님의 가르침을 실천하는 것이다.

스무째는 선해방편난(善解方便難)이다. 방편을 잘 알아서 쓰기가 어렵다는 뜻이다. 이 구절은 두 가지 의미를 담고 있다. 하나는 불조(佛祖)의 가르침을 받는 입장에서 '이것은 방편설이며 이것은 진실설(眞實說)이다'는 것을 이해하지 못하면 방편설에 침체되어 진실제(眞實諦)를 요달(了達)할 수 없다는 것이고, 또 하나는 내가 남을 가르치는 입장에서 '어떻게 하면 저들에게 도를 깨닫게 할 수 있을까?' 그 방편을 스스로 해득하여 교화하기가 어렵다는 뜻이다.

이상 부처님께서 제시한 '스무 가지 어려운 일'은 삶의 굴레에 매인 범부 중생에게는 어려운 일이지만 지혜의 삶 속에서는 결코 어려운 일만은 아니다. 또한 비록 열거한 조항이 스무 가지나 되지만 결국 극복의 요체는 바른 마음과 지혜의 눈을 가지는 것뿐이다.

제13장
숙명통 얻는 법

어떤 사문이 부처님께 여쭈었습니다.

"어떤 인연으로 숙명통(宿命通)을 얻을 수 있으며 지극한 도리를 깨달을 수 있습니까?"

그러자 부처님께서 말씀하셨습니다.

"깨끗한 마음으로 뜻을 지키면 지극한 도리를 깨달을 수 있다. 마치 거울을 갈고 닦으면 때[垢]가 없어져 밝아지는 것과 같이 욕심을 끊어 구하려는 마음을 없애면 곧 숙명통을 얻을 수 있다."

沙門問佛: 以何因緣, 得知宿命, 會其至道. 佛言: 淨心守志, 可會至道. 譬如磨鏡, 垢去明存, 斷欲無求, 當得宿命.

해설

이 장은 어떻게 하면 숙명(宿命)을 알고 지극한 도리를 깨달을 수 있는가에 대한 부처님과 사문의 문답이다.

숙명통이란 인도의 바라문들이 가장 중요하게 생각하는 다섯 신통 가운데 하나이다. 숙(宿)은 과거세를 말하고 명(命)은 현세에서의 생활을 뜻하니, 숙명통이란 곧 자기가 과거세로부터 생사윤회하는 과정의 모든 것을 지금 목전에서 일어나고 있는 일처럼 역력히 아는 것을 말한다.

옛날 바라문들에게는 이러한 것을 알기 위한 방법이나 공부가 있었던 것 같으나 부처님께서는 그것을 그다지 중요한 것으로 여기지 않았다. 다만 사람들을 교화시켜 바른 도로 이끌고자 하는 부처님의 자비는 어떠한 물음이든 배척하기보다는 하나하나 이치를 들어 참된 도(道)로 인도하는 것이 부처님 평소의 방편이므로 사문의 물음을 공박하지 않고 그 도리를 가르쳐 주신 것이다.

여기서 사문은 숙명만이 아니라 어떻게 해야 지도(至道)를 알 수 있는가를 묻고 있다. 지극한 도리, 진실한 진리를 깨닫는 것이야말로 부처님께서 불법을 설하는 가장 큰 목적이므로 사문의 물음을 들으시고 숙명에 대한 설명보다도 지도(至道)에 대한 것을 위주로 말씀하셨다.

지극한 도리는 우리들 서로의 마음 본체에 법연법이(法然法爾)하게 구비되어 있는 참된 지혜의 광명이 조석으로 생각하고 행하는 곳에 비추어 어느 한군데도 어두운 곳이 없게 하는 것이니, 깨달음이라든가 열반이라든가 보리라는 것도 모두 그것이다. 그런데 우리들 마음 본체에 참된 지혜의 광명이 본래부터 여법(如法)하게 갖추어져 있다면 무슨 까닭으로 그것이 밝게 비치지 않고 밝게 빛나지 않는 것일까? 그것은 우리 마음속에 번뇌 망상의 진구(塵垢)가 쌓이고 쌓여 그 빛을 가리고 있기 때문이다. 그 번뇌 망상의 진구를 제거해 버리고 마음을 맑고 깨끗하게만 한다면 진실한 지혜의 광명은 스스로 밝게 빛날 것이다.

'뜻을 지킨다'는 것은 일단 진구는 제거했다 할지라도 그 위에 다시 진구가 끼지 않도록 늘 청정하게 함을 말한다. 비유하자면 때가 낀 거울을 갈고 닦아 늘 깨끗한 상태를 유지하게 하는 것과 같다.

거울이란 본래 어떠한 물체도 비춰볼 수 있는 맑고 깨끗한 것인데 제대로 간수하지 않아 때가 끼고 흐려져 버렸다면 어떠한 사물도 제대로 비춰볼 수 없을 것이다. 이렇게 되면 이름만 거울이지 쓸모없는 물건에 지나지 않는다. 사람의 마음도 바로 거울과 같다. 끼인 때를 갈고 닦아 맑게 만들고 다시 때가 끼지 않도록 항상 청정하게 지켜 나가면 본래부터 갖추어져 있는 광명이 드러나 '한래한현(漢來漢現)하고 호래호현(胡來胡現)한다'는 옛말과 같이 진실한 상을 비춰볼 수 있어 꽃이 피면 꽃이, 단풍이 들면 단풍이 그대로 나타나는 것이다.

마음에 쌓이게 되는 진구(塵垢)란 무엇인가. 그것을 일컬어 '팔만 사천의 진로(塵勞)'라고 한다. 팔만 사천의 진로란 간단히 말하면 '욕(欲)'이라는 한마디로 표현할 수 있다. 그 욕심을 단절하고 욕구를 완전히 제압하여 멸해 버리면 마음의 광명, 곧 참된 지혜가 나타나 시방삼세가 밝게 보이는 것이다. 이러한 지도(至道)를 깨닫게 되면 인연과 숙명은 자연히 얻게 되는 것이다. 부처님께서는 사문들이 대단한 것이라고 여기고 있는 숙명통은 그렇게 얻어지는 것임을 설하여 사문의 의문을 풀어 주셨다.

가장 큰 것

어떤 사문이 부처님께 여쭈었습니다.
"무엇이 선(善)이 되며 무엇이 가장 큰 것입니까?"
그러자 부처님께서 말씀하셨습니다.
"도를 행하고 참[眞]을 지키는 것이 선(善)이요, 뜻이 도와 하나가 되는 것이 가장 큰 것이다."

沙門問佛: 何者爲善, 何者最大. 佛言: 行道守眞者
사 문 문 불   하 자 위 선   하 자 최 대   불 언   행 도 수 진 자
善, 志與道合者大.
선   지 여 도 합 자 대

해설

이 장에서는 도를 행하고 참[眞]을 지키는 것보다 선한 것이 없고, 뜻이 도와 합하는 것보다 더 큰 것이 없다고 밝히고 계신다.

어떤 사문이 부처님께 여쭈었다.
"세간에서 말하는 선근이나 선사(善事) 중에서 어떤 것이 가장 훌륭하고 뛰어난 선(善)이 되는 것입니까? 또 무엇을 가장 큰 것이라 할 수 있습니까?"
"도를 행하고 참[眞]을 지키는 것이 가장 훌륭한 선(善)이고, 뜻이 도와 일치 부합되는 것이 가장 큰 것이다."

도는 곧 앞 장에서 언급된 지도(至道)와 같은 것으로 우리들 마음속에 저절로 구족되어 있는 덕(德)을 말한다. 보리(菩提) 또는 열반이라 이름한다. 그러므로 도는 실천에 가장 큰 의의를 부여한다. 모든 사물이 실제로 행해지고 전개되는 가운데 옳고 그름, 곧 시(是)와 비(非)가 생겨나는데 그 가운데 진로(眞路)가 바로 도인 것이다.

예를 들면 아버지와 아들 사이에는 부자(父子)의 도가 있고, 남편과 아내 사이에는 부부의 도가 있다. 곧 아버지는 아버지답게, 자식은 자식답게, 남편은 남편답게, 아내는 아내답게, 자신이 행해야 할 도리를 행하는 것이 바로 도가 행해지는 참모습이다. 바꾸어 말하면 인간이 인간으로서의 도리를 행하는 것이 '인간의 도'라고 할 수 있다.

우리들에게는 누구를 막론하고 불성(佛性)이 있다. 곧 불타와 같은 성품이 있기 때문에 그 성품을 갈고 닦고 다스려 붓다를 이루고자 하는 것이 곧 불도(佛道)를 행하는 목적이다. 불도의 행(行) 속에는 세간·출세간의 도와 덕을 두루 갖추고 있어 만덕(萬德)이 원만하니 불도의 실천보다 더 나은 선은 없다.

진(眞)이란 허망함이 없는 본래부터 청정무구한 마음을 뜻하는데 그것이 사물에 나타나 활동하는 모습을 도(道)라 한다. 그러나 만약 자칫 잘못하며 청정무구한 마음에 때가 끼고 세속적 애욕을 억제하지 못하면 진을 상실하니, 진을 상실하면 도를 행할 수 없는 것이다. 따라서 진을 잃지 않도록 지키면 스스로 도가 행해질 것이요, 도에 배반하는 일이 없으면 스스로 진이 나타나는 것이다. 이것을 수진(守眞)이라고 한다.

진도(眞道)를 체용(體用)으로 말한다면 진(眞)은 체요, 용은 도(道)라고 할 수 있다. 체와 용은 결코 둘이 아니다. 그러므로 세상에 무엇이 선(善)하다 해도 진도보다 수승한 선은 없는 것이다.

그리고 뜻이 도와 합치되는 것이 가장 큰 것이라 한 것은, 마음이 향하는 곳이 곧 뜻이라고 하는 것인데 사람 마음의 취향은 각양각색의 선과 악, 높음과 낮음 등 천태만상으로 일어나는 것이지만 어떠한 것이 일어나더라도 뜻이 도에 어긋나지 않고 뜻과 도가 합치되는 경지, 그것이야말로 가장 광대한 것임을 천명한 것이다.

어떤 사람의 생각이 재물에만 있다면 그 사람은 재물의 노예요, 또 생각이 애욕를 위하는 데 있다면 그 사람은 애욕의 노예와 다르지 않을 것이다. 그러므로 마음속에 생각하는 뜻이 도와 합치될 때, 이를 '아뇩다라삼먁삼보리의 대도(大道)'라 한다. 이 대도에는 아무리 작은 것이라도 여기에 포함되지 않는 것은 없다는 것을 말씀하시어 사문의 의문을 풀어 주었다.

모든 시방법계 일체사물이 대도이다. 그 대도에 합치되는 뜻(志)은 진시방법계(盡十方法界)와 그 경지를 같이하는 것이기 때문에 이보다 더 광대한 것은 없다는 말씀이다.

제15장
최상의 밝음

어떤 사문이 부처님께 여쭈었습니다.

"무엇이 가장 힘센 것이고 무엇이 가장 밝은 것입니까?"

그러자 부처님께서 말씀하셨습니다.

"욕됨을 참는 것이 가장 힘센 것이다. 이 사람은 악한 마음을 품지 않으므로 마음이 편안하고 몸도 건강하다. 참는 사람은 악한 마음이 없으므로 반드시 사람들의 존경을 받게 된다.

마음에 낀 때가 다 없어져 깨끗하고 더러움이 없을 때 이것이 가장 밝은 것이다. 천지가 있기 전부터 지금까지 온 누리에 있는 것을 보지 못함이 없고 알지 못함이 없으며 듣지 못함이 없어 일체지(一切智)를 얻으면 밝음[明]이라 할 수 있다."

沙門問佛: 何者多力, 何者最明. 佛言: 忍辱多力, 不懷惡故, 兼加安健, 忍者無惡, 必爲人尊; 心垢滅盡, 淨無瑕穢, 是爲最明, 未有天地, 逮於今日, 十方所有, 無有不見, 無有不知, 無有不聞, 得一切智, 可謂明矣.
명 의

해설

이 장에서는 인욕(忍辱)보다 센 것이 없고 일체지보다 더 밝은 것이 없음을 설하고 계신다.

욕됨을 참는 것, 곧 인욕(忍辱)이란 육바라밀(六婆羅蜜)[6] 중의 하나로 원어로는 크쟌티(잔제, 孱提)라 하며 한역(漢譯)하면 안인(安忍) 또는 감인(堪忍)이라고 번역된다.

무릇 어떤 것이 가장 감당하기 어려우며 참기 어려운가. 아마도 타인으로부터 억울하게 매를 맞았을 때, 까닭 없이 꾸지람을 들었을 때, 조소를 받거나 능멸을 당했을 때, 혹은 치욕스런 일을 당했을 때보다 더 참기 어려운 것은 없을 것이다. 이 중에서 가장 참기 어려운 것은 치욕스런 일을 당했을 때이리라.

부처님께서는 그것조차도 참는다는 뜻에서 인욕(忍辱)이라 한 것이다. 그 어떠한 치욕을 받더라도 그것을 참고 감당할 수 있

---

6 육바라밀(六婆羅蜜): 생사의 고해를 건너 이상경(理想境)인 열반의 저 언덕에 이르는 여섯 가지 방편. 보살이 수행하는 6종의 바라밀법이다.
  ① 단나바라밀(檀那婆羅蜜): 보시. 자비로 널리 사랑하는 행위이다.
  ② 시라바라밀(尸羅婆羅蜜): 지계. 불교 도덕에 계합하는 행위이다.
  ③ 잔제바라밀(孱提婆羅蜜): 인욕. 여러 가지로 참는 행위이다.
  ④ 비리야바라밀(毘梨耶婆羅蜜): 정진. 항상 수양에 힘쓰고 게으르지 않는 행위이다.
  ⑤ 선나바라밀(禪那婆羅蜜): 선정. 마음을 고요하게 통일하는 행위이다.
  ⑥ 반야바라밀(般若婆羅蜜): 지혜. 삿된 지혜와 나쁜 소견을 버리고 참 지혜를 얻는 행위이다.

을 만큼 정신력이 강한 사람이야말로 세상에서 가장 힘센 사람이니 그 보다 강한 자는 없다고 하셨다.

『유교경』에서도 '어떠한 지계고행(持戒苦行)도 참는 공덕에는 미치지 못할 만큼 크니 참음을 행할 수 있는 자를 대인이라 한다'고 설해져 있다. 이러한 사람은 어떤 경우에도 악한 마음을 품지 않는다. 나에게 치욕을 안겨주는 자까지도 원수로 생각지 않는 심성을 가진 사람은 남에게 악한 일을 하겠다는 생각조차도 할 까닭이 없다. 그러므로 어떠한 곤경에 처하거나 곤란을 당해도 개의치 않고 당황하는 일없이 편안한 마음으로 대처해 나갈 수 있으므로 '욕됨을 참는 사람은 마음이 편안하고 몸이 건강하다'고 한다. 이와 같이 치욕을 참을 줄 알고 매사를 대처해 나가는 사람에게는 악한 마음이 없으므로 반드시 여러 사람으로부터 존경받는 인물이 된다고 한 것이다.

이 세상에서 어떤 것이 가장 밝은 것인가를 묻는 사문의 질문에 '마음에 낀 때가 다 없어져 깨끗하고 더러움이 없을 때 가장 밝은 것'이라고 대답하셨다. 우리들의 본심과 본성은 본래 티 없이 맑고 밝은 것이다. 거울처럼 깨끗한 마음을 가지고도 사람들은 보고 듣는 것에 마음이 이끌려 탐욕과 진에의 번뇌를 일으켜 마침내는 맑고 밝은 마음 본래의 광명을 덮어 버린다. 이것을 심구(心垢), 곧 '마음의 때'라고 한다.

마음 때를 깨끗이 없애 버리고 조그마한 흠이나 더러움도 없게 하는 것이 밝음을 회복하는 길이다. 밝음이 완전히 회복되어 청정무구한 상태가 되었을 때, 그 때가 곧 일체번뇌가 끊어지고 심성의 광명이 드러나 빛나게 되는 경계이니 무엇보다도 가장 밝은 것이라 할 수 있다.

왜냐하면 이 마음의 빛이 밝아지기만 하면 시간적으로는 천지가 열리기 이전 곧 무시 겁의 옛날부터 지금에 이르기까지 공간적으로 시방소유(十方所有), 즉 동서남북과 사유(四維) 상하를 합한 한없이 넓은 공간에 일체 유주무주의 사물이 비치지 않는 것이 없고, 법음이 들리지 않는 것이 없으며, 알지 못하는 것이 없게 되기 때문이다. 이처럼 청정무구하여 더없이 밝은 마음의 빛이 빛날 때를 대지혜라 하며 일체지라 한다.

일체지에는 '일체지'와 '도종지(道種智)', '일체종지(一切種智)' 등의 구별이 있으나 여기서는 『유마경주(維摩經註)』에서 승조법사(僧肇法師)가 '일체지란 지(智)의 극(極)이다'고 설명한 '지(智)'로 이해하고 넘어가자. 일체지가 '지의 극'이라면 이보다 더 밝은 것은 없으므로 밝음[明]이라 이름하는 것이다.

제16장
도는 보는 법

부처님께서 말씀하셨습니다.

"사람이 애욕의 마음을 품으면 도(道)를 볼 수 없으니 이는 마치 맑은 물에 손을 넣어 휘저어 버리면 사람들이 와서 들여다보아도 모습을 비춰 볼 수 없는 것과 같다.

사람이 애욕에 얽히면 마음이 탁해지는 까닭에 도가 보이지 않는 것이니, 너희들 사문은 애욕을 버려야 한다.

애욕의 때가 다해야만 도를 볼 수 있을 것이다."

佛言: 人懷愛欲, 不見道者, 譬如澄水, 致手攪之, 衆人共臨, 無有覩其影者. 人以愛欲交錯, 心中濁興, 故不見道, 汝等沙門, 當捨愛欲, 愛欲垢盡, 道可見矣.

해설

이 장에서는 애욕을 버려야만 참다운 도를 볼 수 있음을 가르치고 계신다.

애욕이란 어떤 사물이 자기 마음에 꼭 든다는 생각이 들었을 때 그것에 대해, 보고 싶다든가, 소유하고 싶다든가 하는 것을 뜻한다. 이를테면 자기만의 만족과 욕구를 충족시키기 위한 모든 욕심과 탐심을 말한다. 이 모든 애욕을 다섯 가지로 구분해

오욕(五欲)이라 한다.

오욕이란 재(財)・색(色)・식(食)・명(名)・수(睡)의 다섯 가지로, 이 오욕은 육체를 가진 인간이라면 누구나 가지고 있는 본능적 욕구의 하나이다. 그렇기 때문에 불보살이라 할지라도 먹지 않고는 견디지 못하고 벌거벗고는 살 수 없으며 야숙(野宿)만으로는 견딜 수 없는 것이다.

누구라도 삼의일발(三衣一鉢)과 거처는 필요불가결한 것이기 때문에 하루 동안 써야 할 물건이나 한 끼분의 음식이 있어야 한다. 색욕(色欲)에 대해서도 마찬가지이다. 출가한 청승(淸僧)이라면 완전히 단념하지 않으면 안 되지만 재가불자(在家佛子)는 사음(邪淫)만은 삼가라는 뜻으로 보면 된다.

명(名)은 세속적인 명예를 구하려는 욕심을 말한다. 불교에서는 명호성취(名號成就)라 하여 불보살의 명호를 불러 가피를 입는 것은 중하게 여기나, 그 외의 명예란 한낱 뜬구름과 같은 것으로 불도를 닦는 사람으로서는 구할 것이 못되는, 한낱 욕심에 지나지 않음을 가르치고 있다.

수행자에게 있어서 졸음과 잠은 수행을 방해하는 마장의 하나이지만 최소한 수행할 수 있을 정도의 건강을 유지하기 위해서는 적절한 수면은 취해야 한다. 때에 맞춰 적당히 자는 것은 결코 번뇌라든가 망상이라 하여 전부를 배척할 것은 아니다. 다만 절대 필요한 것 이외에 도리에 어긋나는 탐욕을 범한 이는 삼독(三毒)에 떨어짐을 면치 못한다 하여 과욕을 경계하였다.

『법화경(法華經)』에서는 '제고소인 탐욕위본(諸苦所因 貪欲爲本)'

이라 하여 모든 고(苦)의 뿌리는 오직 탐욕이 근본이라고 하셨다. 여기서도 그와 같은 뜻으로 대단치 않은 애욕에 빠져 탐욕심을 낸다면 결코 참된 도리를 볼 수 없음을 설하신 것이다.

　이는 마치 아무리 깨끗하고 맑은 물이라도 손으로 휘저어 혼탁하게 만들었다면 그 물에는 어떤 사람도 얼굴의 참모습을 비춰 볼 수 없는 것처럼 마음의 본성이 본디 청정하다 할지라도 애욕으로 점철되어 착잡해지면 마음의 물이 혼탁해져 진실한 도리를 나타낼 수 없고 사물을 바르게 비춰볼 수도 없는 것이다. 그러므로 진실한 도를 이루려는 마음이 있는 사람이라면 반드시 먼저 애욕에 이끌리지 않도록 해야 한다. 애욕의 때가 없어져 마음의 거울이 밝고 맑아지면 자연히 진실한 도리가 나타나기 때문이다.

　그 많은 애욕 가운데 재욕과 색욕은 사람이 가장 빠지기 쉬운 것이므로 본경에서도 여러 차례 언급하여 경계할 것을 당부하고 계신다.

도를 본다는 것

부처님께서 말씀하셨습니다.

"대저 도(道)를 본다는 것은 마치 횃불을 들고 어두운 방에 들어가면 어둠이 곧 사라지고 밝음만 있는 것과 같은 것이다. 도를 배워 성제(聖諦)를 보면 무명은 곧 사라지고 밝음만이 항상 있을 것이다."

佛言: 夫見道者, 譬如持炬入冥室中, 其冥卽滅 而明
불언 부견도자 비여지거입명실중 기명즉멸 이명
獨存, 學道見諦, 無明卽滅 而明常存矣.
독존 학도견제 무명즉멸 이명상존의

해 설

이 장에서는 도를 본다는 것이 어떤 것인지 그 경계를 비유로써 말씀하고 계신다.

실로 우리들 범부는 명암(冥闇)에서 태어나 명암에서 자라며 명암의 일을 탐구하고 봉사하다가 마침내 명암으로 돌아가는 것과 다를 게 없다. 그러므로 살아가는 동안 그 명암을 밝힐 수 있는 광명이야말로 가장 필요한 것이다. 그 광명을 찾는 것을 여기서는 '도를 보는 것'이라 하였다. 즉 도를 본다는 것은 마치 횃불을 들고 캄캄한 방에 들어가면 구석구석까지 다 밝아져 어둠이 사라지는 것과 같다고 그 경계를 비유로써 말씀하신다. 또 도를 배우고 수행하여 성제(聖諦)를 볼 수 있다면 무시겁래 번뇌 망상의 근원이 되는 무명의 미혹이 멸해지고 뒤에는 순수한 상주부단(常住不斷)의 대지혜와 대자비의 광명만이 빛나게 되는 것이라고 말씀하셨다.

제(諦)란 진속이제(眞俗二諦)[7]의 진제를 의미하고, 도(道)란 광범위한 뜻을 함축하고 있으므로 한마디로 정의하기는 어렵지만 요약해 말한다면 팔정도(八正道)라 할 수 있을 것이다.

팔정도는 여덟 가지 수행의 도리를 말한 것으로 이 중에서 정견(正見)·정사유(正思惟)·정념(正念)·정정(正定) 등 네 가지는 마음의 바른 작용을 뜻하고, 정어(正語)·정업(正業)·정명(正命)·정정진(正精進) 등 네 가지는 행동실천의 바른 자세를 뜻한다. 팔정도는 중정(中正)과 중도(中道)의 완전한 수행법으로써 이 여덟 가지 도를 성실하게 수행할 수 있으면 불교의 능사(能事)는 마쳤다고 할 수 있는 것이다.

---

[7] 진속이제(眞俗二諦): 진제와 속제. 제는 제리(諦理)이니 변치 않는 진리를 말한다. 이 '2제론'의 발달에 관해서는 여러 가지 해석이 있다. 그 근본은 원시 불교로부터 진리의 표준이 되어 있는 4제, 곧 고·집·멸·도 중에서 고와 집은 현재에 나타난 미한 세계의 사실이라 하여 속제라 하고, 진지(眞智)에 의하여 처음으로 알게 되는 진리인 멸을 진제라 한다. 또 도는 관찰하는 점이 다름에 따라 진과 속에 통한다. 그러나 이 '2제'를 이원적(二元的)으로 보아서 진제는 속제를 초월하는가. 또 일원적으로 보아서 진제만을 진으로 보느냐, 1제의 양면으로 보느냐 하는 데 대하여는 여러 가지 견해가 있다. 대승의 2제론을 본다면 삼론종에서는 『대품경(大品經)』, 『중론(中論)』을 의지하여 종(宗)의 교리를 설명할 적에 어교이제(於敎二諦)·개합이문(開合二門)·4종 2제를 말하여 중도 실상의 이치를 보이려 하고, 법상종에서는 진제를 제1의제, 또는 승의제(勝義諦)라 하여 유식의 실성인 진여를 말하고, 변계(遍計)의 제법을 속제라 하여, 4종 2제를 세운다.

제18장
닦음 없는 닦기

부처님께서 말씀하셨습니다.

"나의 법은 생각하되 생각함이 없이 생각하며, 행하되 행함이 없이 행하며, 말하되 말함이 없이 말하며, 닦되 닦음이 없이 닦는 것이다.

이 이치를 아는 사람은 진리에 가깝지만, 모르는 사람은 더욱 멀어진다. 말로 형언할 수 없는 심오한 진리는 사물에 구애되지 아니하되 터럭만큼의 차이라도 잠깐 사이에 잃어버릴 것이다."

佛言: 吾法念無念念, 行無行行, 言無言言; 修無修修. 會者近爾, 迷者遠乎. 言語道斷, 非物所拘, 差之毫釐, 失之須臾.

해설

이 장에서는 생각과 행함과 말과 닦음이 공하기 때문에 두 가지 치우침에 떨어지면 진리에서 멀어진다는 불법의 심오한 이치를 설하고 계신다.

대저 불법(佛法)을 한마디로 말한다면 천지만물의 차별현상을 버리고 그 만물의 본체인 평등일여의 이성(理性)을 깨달아 그

위에서 다시 종전의 차별현상으로 되돌아가 그 사사물물(事事物物)에 대해 그 평등일여의 진리를 실현시키는 것이라고 할 수 있다.

이것을 인간의 삶에 비유하여 말한다면 인간은 70~80년이라는 얼마 안 되는 시간을 사는 동안 갈등과 번뇌 망상을 일으키는 일들이 많을 뿐만 아니라 각기 살아가는 방법이나 생각하는 것이 달라 조금도 평등한 모습을 찾을 수 없다. 또한 각양각색의 현상에 집착하여 결국은 그 본체가 평등하다는 것조차 깨닫지 못하고 미혹에 헤맨다. 그것을 범부(凡夫)라고 부른다.

그러나 혜안을 열어 천지만물의 참된 모습을 깨달아 볼 수 있다면 인간사는 말할 것도 없거니와 산천초목, 금수, 어충 등에 이르기까지 그 본체·본성은 모두 같아 결코 별개의 것이 아니요 모두가 평등하다는 것을 알게 된다.

그렇게 볼 수 있는 경지에 도달한 것을 '깨달았다', '증득했다', '심신을 획득했다'고 표현하는 것이다. 단 그것을 자기의 힘으로 깨닫느냐, 타력(他力)을 빌어 깨닫느냐 하는 것은 여러 가지 종지(宗旨)의 차별을 정립할 때까지의 과정이 되겠으나 어떤 방법이든 천지만물의 본체·본성이 평등일미하여 전혀 차별이 없다는 것을 깨달은 경지에서는 종지(宗旨)에 있어서도 하등 차별이 없음을 인식할 수 있다.

그런데 본체가 평등하다는 이치를 깨달았다 하더라도 5척 남짓한 우리 몸은 바뀌지 않고 70~80년 정도 사는 수명 또한 변함이 없다. 다른 사람이 밥을 먹었다고 내 배가 부를 까닭이 없고, 내가 학문을 했다고 다른 사람이 학자가 될 수는 없는 것이다. 이렇게 본다면 모든 사물은 어디까지나 별개인 것이다.

　이와 같이 우리 앞에 나타나는 현상이 별개이기 때문에 각각 별개인 것에 집착하여 많은 번뇌를 일으키기도 하나 지금은 그 본체본성의 위에 있어서 모든 것은 평등일여하다는 것이 철저히 밝혀지고 이해됨으로써 별개에 집착하는 번뇌는 일어나지 않는다. 그러나 번뇌는 일어나지 않는다 해도 나타나는 현상이 각각 별개라는 것도 부인하지 못한다. 즉 별개의 현상이되 평등일여하며, 평등일여하되 별개라는 도리가 공존하고 있음을 인식하게 된다. 하나이면서 하나가 아니고 하나가 아니면서 하나인 경계는 어떠한 언어로도 표현할 수 없는 심오함을 가지고 있다.

　그 심오하고 미묘한 경계가 조석으로 활동하며 생활하는 가운데 항상 나타나게 될 때, 그때가 바로 불법의 목적을 획득한 때인 것이다. 그 경계를 여기서는 마음으로 생각하는 것, 몸으로 행하는 것, 입으로 말하는 것 등 신(身)·구(口)·의(意) 세 가지로 설하신 것이다.

　불법은 먼저 무념(無念)의 생각을 념(念)으로 삼는다. 우리들은 이미 마음이 있기 때문에 여러 가지를 생각하게 된다. 그러나 그 생각[念]의 본성은 무엇인가? 본래부터 실체가 있는 것이 아니기 때문에 무념(無念)으로 정의된다. 그런데 무념이기는 하나 현실적으로 나타내어지는 것은 또 무념의 경계를 벗어난다. 예컨대 오뉴월 염천에 뜨거운 햇볕이 내려 쬐면 덥다고 생각하고, 맨발로 눈 위를 걷는다면 시리다든가 쓰리다는 것을 생각하게 된다. 그렇다면 그 쓰리다든가 덥다든가 하는 생각의 실체와 실성은 있는 것인가 없는 것인가? 결국 자성 자체의 무엇뿐이라 인증할 수밖에 없는 결론에 도달하게 된다. 이것이 곧 '무념의 념'이다.

몸으로 하는 행동이나 입으로 하는 말도 무념의 이치와 다르지 않다. 즉 무행(無行)의 행을 행하며, 무언(無言)의 언을 말하게 된다. 하루 종일 말을 해도 마침내 그 말에 대한 집착의 흔적이 남지 않고, 일생 동안 행한 각양각색의 행동도 마침내는 그 흔적을 남기지 않으려는 것이 불법에서 추구하는 목적이며 그 목적을 달성하기 위해 여러 가지 방법으로 수행하는 것이다. 이것을 '무수(無修)의 수'를 닦는다고 한다.

그러나 그 수행에 집착하고 염불에 집착하며, 제목[經名]에 집착하고 경론에 굳어지며, 좌선에 집착하는 등 수행 자체에 기대하고 의지하는 마음을 버리지 못하는 한 절대로 진실한 깨달음을 얻을 수 없는 것이다. 염불은 어디까지나 염불이고, 제목은 어디까지나 제목이니 결코 이것을 혼돈해서는 안 된다. 그러한 까닭에 '무수(無修)의 수'를 닦지 않으면 안 된다. 이 도리를 진실로 이해하고 체득한 사람은 진실한 불법에 접근되었다고 할 수 있다.

『관무량수경(觀無量壽經)』[8]에 부처님께서 '이곳을 떠나는 것이

---

[8] 『관무량수경(觀無量壽經)』: 정토종의 근본 성전 3부경의 하나로 『관무량수불경』, 『무량수관경』, 『십륙관경』이라고도 하고, 줄여서 『관경(觀經)』이라 한다. 424년 강량야사(畺良耶舍)가 번역한 것 하나뿐이고, 범본(梵本)이 없다. 그 대요(大要)는 석존 때에 마가다국 왕사성에서 아사세 태자가 부왕(父王) 빈비사라를 가두고 모후 위데히(韋提希, 위제희) 부인을 죽이려 한 데서 발단. 부인은 기사굴 산중의 부처님께 멀리서 예배하면서 교화해 주기를 빌었다. 부처님이 신통으로 이를 알고 제자를 보내고

멀지 않다'고 하신 것은 이러한 경우를 말하는 것이다. 그러므로 미(迷)한 자는 불법의 진리로부터 멀고도 먼 것이다.

『아미타경(阿彌陀經)』⁹에서도 '이것을 체득할 수 없는 자는 십만억불토 떨어져 있다'고 말씀하신 까닭이 여기에 있다. 이러한 이치는 도저히 언어로써는 다 표현할 수 없는 심오한 경지이다. 말은 말인데 말이 아닌 묘미가 있으므로 이것을 '언어도단(言語道斷)'이라 하였다. 다른 어떠한 사물로도 이 묘미를 '이것이다'라고 나타내 보일 수는 없는 것이기 때문이다.

불법의 이 같은 도리를 먼 것이라 생각하면 매우 가깝고, 쉬운 것이라 생각하면 매우 어렵다. 여기에 조금이라도 착오가 있다면 두 번 다시 돌이킬 수 없게 되고, 이것에 터럭만큼의 착오라도 생긴다면 순식간에 실추된다는 것을 경계시키고 있다.

몸소 나아가 시방 정토를 나타내어 보였다. 부인이 극락세계를 선택함을 보시고 16관법으로 나누어 아미타불과 정토의 모양을 설해 왕비와 시녀를 깨닫게 하고 마침내 아난에게 이 경을 유통하라고 위촉하였다. 이역(異譯)으로 『관무량수불경』 1권(담마밀다 번역)이 있으나 전하지 않는다. 주석서는 혜원(慧遠)의 「의소(義疏)」 2권, 지의(智顗)의 「소(疏)」 1권, 길장(吉藏)의 「의소(義疏)」 1권, 선도(善導)의 「소(疏)」 4권 등이 있다.

9 『아미타경(阿彌陀經)』: 정토 3부경의 하나이다. 『일체제불소호념경』 줄여서 『미타경』, 『호념경』이라고도 한다. 『무량수경』을 '대경'이라 함에 대하여, '소경'이라 한다. 구라마습이 번역한 『아미타경』, 구나발다라가 번역한 『소무량수경』, 현장이 번역한 『칭찬정토불섭수경』이 있는데, 제2역은 지금 없어졌고 그 1부인 『발일체업장근본득생정토신주』만이 대장경 중에 있다. 내용은 부처님이 기원정사에서 사리불을 상대로 아미타불과 그 국토인 극장세계의 공덕장엄을 말씀하고 아미타불의 명호를 부르면 극락세계에 왕생한다 말하고, 최후에 6방의 많은 부처님네가 석존의 말씀이 진실한 것임을 증명하시며 특별히 왕생을 권한 경전. 주석(註釋)서는 원효의 「소」 1권, 당나라 규기의 「소」 1권, 명나라 주굉의 「소초」 4권 등 여러 가지가 있다.

제19장
현상에서 본질 보기

부처님께서 말씀하셨습니다.

"천지를 보아도 상주불멸(常住不滅)하는 것이 아니라고 생각하고, 세계를 보아도 상주불멸하는 것이 아니라고 생각하라. 영각(靈覺)을 보면 곧 보리(菩提)를 인증하리라. 이와 같은 이치를 알면 도를 얻음이 빠를 것이다."

佛言: 觀天地, 念非常; 觀世界, 念非常. 觀靈覺; 卽
불언 관천지   염비상   관세계 염비상   관영각   즉
菩提, 如是知識, 得道疾矣.
보리 여시지식   득도질의

해설

이 장에서는 삼라만상이 상주불멸하는 것은 없으며 이러한 이치를 깨달으면 빨리 도를 얻을 수 있다고 설하고 계신다.

천지와 세계는 물론 삼라만상 모두가 영구히 상주불멸(常住不滅)하는 것은 없다. 이러한 이치를 다른 경전에서는 '무상(無常)'이라 하였고 여기서는 비상(非常)이라 했는데 그 뜻은 크게 다르지 않다. 모두 변화·변천을 의미한다.

천지만물은 모두 인연화합의 도리에 의해 잠깐 동안 현상으로 나타나 있을 뿐 결코 상주불멸하는 것은 하나도 없다. 따라서 인연화합의 힘이 다하게 되면 각기 본래의 자리로 돌아가니

현상은 끊임없이 변하는 것이다.

　이 무상의 관념을 진실로 철저히 성취하면 육체라든가 수명에 집착하는 마음이 없어지게 되고, 이미 자신의 육체에 대한 집착이 없어지면 다른 어떤 것에 대한 집착도 없어지게 된다. 집착의 대상이 되지 않는 우리들 개인의 몸과 마음은 과연 어떤 것일까? 그 본성·본체의 평등일여한 자리에서는 삼세제불(三世諸佛)도 중생도 모두 동일법성인 것이다. 그 동일법성이 잠깐 동안의 인연에 의해 갖가지로 상을 달리하고 있는 것뿐이다.

　삼라만상이 모두 상주불멸하는 것이 아니라고 생각하는 경계에서는 다시 영묘불가사의한 각성(覺性), 곧 평등일여의 성체(性體)를 인증할 수 있게 된다. 그것을 영각(靈覺)이라 한다. 만약 이치를 깨달아 영각을 볼 수만 있다면 그것이 곧 보리요 깨달음이니 삼세제불도 그와 같은 도를 깨달았다 하는 것이며 이러한 도리를 알기만 한다면 도를 얻는 것이 빠르게 된다고 부처님께서는 우리들에게 말씀하셨다.

몸의 실상

부처님께 말씀하셨습니다.

"몸을 이루는 사대(四大)가 각각 이름은 있으나 모두 내 것이라고 할 것은 아무것도 없다고 생각해야 한다. 내 것이라고 할 것이 없으니 그것은 환상과 같은 것이다."

佛言: 當念身中四大, 各自有名, 都無我者也, 我既都無, 其如幻耳.

해설

이 장에서는 사대(四大)가 공(空)하니 몸을 이루는 물질조차도 공하다는 무아(無我)의 이치를 밝히고 계신다.

우리의 몸은 사대(四大)로 구성되어 있다. 사대(四大)란 견(堅)·습(濕)·난(暖)·동(動) 즉 인체를 구성하고 있는 네 가지 요소를 말한다. 인체가 수십 종의 원소로 구성되어 있다는 것은 현대 생리학자들의 연구에서 얻어진 것이지만 인도에서는 부처님 이전부터 이 '사대설(四大說)'이 확립되어 있었다. 이 사대설은 인간의 육신에 국한된 것이 아니고 이 세상 모든 생물은 견습난동의 네 가지 성품이 인연화합의 원리에 따라 구성되어졌다고 보는 생물성립설이다. 이를 좀 더 구체적으로 살펴보자.

첫째, 모든 물체는 단단하고 강한[堅] 성질을 가지고 있다. 강한 성질을 가진 것 중에서 가장 대표적인 것은 땅이기 때문에 이것을 지대(地大)라 한다.

둘째, 모든 물체는 습한[濕] 성질을 가지고 있다. 습성을 가진 것 중에서 가장 대표적인 것은 물이기 때문에 수대(水大)라 한다.

셋째, 모든 물체에는 따뜻한[暖] 성질이 있다. 따뜻한 성질을 가진 것 중에서 가장 대표적인 것은 불이기 때문에 화대(火大)라 한다.

넷째, 모든 물체는 움직이는[動] 성질을 가지고 있다. 움직이는 성질을 가진 것 중에서 가장 대표적인 것은 바람이기 때문에 풍대(風大)라 한다.

인체는 물론 모든 생명 있는 것들은 이 지수화풍(地水火風) 사대(四大)가 모여 형체를 이루어 내고 있는 것이다. 우리의 육신도 이 지수화풍 사대(四大)의 화합을 벗어나지 않는다. 이 네 가지가 인연화합에 따라 뼈나 살, 근육 등 형체를 이루고, 그들의 화합에 의해 다시 손, 발, 머리, 배 등 각각의 형상이 만들어져 하나의 완성된 모습을 이룬 것을 '사람'이라 이름하여 '나'와 '남'으로 구별하기도 하고 혈연적 관계가 이루어지기도 한다.

그러므로 결국 육신이라고 하는 것은 무엇 하나 변하지 않는 것은 없다. 무엇에 이름을 붙여 '나' 또는 '나의 몸'이라 할 것인가 하는 것이다. 바꾸어 말하면 어느 것 하나도 '나'라고 주장할 것이 없다는 뜻이다.

나[我]라는 글자를 일부학자들은 상일주재(常一主宰)를 뜻한다고 풀고 있다. 즉 상(常)이란 언제까지나 변하지 않음을 뜻하고 일(一)이란 변하지 않는 것이 하나가 있음을 뜻한다고 보는 것이다. 따라서 그 변하지 않는 하나라는 것이 육신을 주재하는 주인공이 되어 육신을 지배 주도하는 것으로 보는 아견(我見)을 내는 이들도 있다.

　그러나 원래 사대(四大)가 인연화합의 원리에 의해 모인 것이고 잠깐 동안의 인연에 의해 사람의 육신으로 보일 뿐이지 결코 이 가운데 상일주재가 되는 '나[我]'라고 인증할 수 있는 것은 존재하지 않는다. 다만 수족이라든가 나라든가 남이라든가 하는 이름만 있는 것이지 그 실체는 없기 때문이다. 즉 각자의 이름은 있어도 이 몸은 어느 것 하나도 나[我]가 아니다. 이미 '나'라고 인증할 것이 없다면 모든 것은 환상 또는 환영(幻影)일 뿐이다.

　환(幻)이란 실제로는 아무것도 없으면서 무엇이 실재하는 것처럼 나타나는 것으로 마술사가 환술(幻術)을 부려 실재하지 않는 것을 사람들 눈에 실재하는 것처럼 보이게끔 하는 것과 같다고 할 수 있다. 지금 우리의 경우도 그와 같은 것으로 실재하지 않는 것을 가지고 상일주재의 '나'라는 것이 있다고 인증하고 거기에 집착하여 각양각색의 번뇌 망상을 일으키고 있는 것이다. 이러한 생각과 사고야말로 벗어나야 할 아견(我見)과 집착의 하나이다.

　근래 불교학자 중에는 영혼불멸설(靈魂不滅說)을 주장하여 아견(我見)을 일으키는 경향도 없지 않다. 그 중 어떤 학자는 주장하는 정도를 넘어서 영혼불멸설이 마치 불교에서 가장 중요한 원리의 하나인 것처럼 생각하는 사람도 있다. 곧 그 영혼이라는 것이 나[我]라고 생각하는 것이다.

그러나 부처님께서는 그 나[我]가 없음을 아는 것이 진실한 깨달음임을 가르치신다. 이에 대한 것은 많은 비유와 설명을 요하므로 이곳에서는 생략한다.

제21장
욕망의 끝

부처님께서 말씀하셨습니다.

"사람이 욕망을 따라 이름을 구하지만 이름이 드러날 때쯤이면 몸은 이미 죽고 만다. 세상에서 이름만을 탐하고 도를 배우지 아니하면 헛되이 몸만 피로하게 될 것이다. 마치 향을 태우면 처음에는 향내를 맡고 좋아하지만 향이 다 타고 나면 몸을 위태롭게 할 불만 그 뒤에 남아 있는 것과 같다."

佛言: 人隨情欲, 求於聲名, 聲名顯著, 身已故矣. 貪世常名, 而不學道, 枉功勞形. 譬如燒香, 雖人聞香, 香之燼矣, 危身之火, 而在其後.

해설

이 장에서는 이름과 명예를 구하는 일이 얼마나 헛된 일인가를 설파하고 계신다.

금수(禽獸)는 이(利)는 탐하되 명예를 탐하지 않지만, 사람은 그 두 가지를 모두 탐한다. 공자(孔子)는 '이(利)를 버리고 명예를 존중하여 성명을 죽백(竹帛)에 달아 후세에 이름을 전하라'고 하였다. 이것은 사람들에게 금수와 같은 이욕(利欲)을 버리고 인간다운 인간이 되라고 가르치시는 것이다.

  사람이란 학문과 수신(修身)을 통해 완전한 인간이 되어가는 것이지만 개중에는 분수 밖의 명예를 탐하여 갖가지 악행을 저지르고 악업을 짓는 사람도 적지 않다. 이런 사람은 선행으로 이름을 남기려는 것이 아니라 수단과 방법을 가리지 않고 어떻게든지 명예를 구하겠다는 터무니없는 욕심을 서슴없이 내기도 한다. 부처님께서는 이(利)는 말할 것도 없고 명예마저도 버리라고 하셨고, 세속적인 탐욕심은 물론 '나'라고 하는 것조차도 버리고 도를 깨우쳐 보살이 되고 붓다가 되라고 가르치셨다.

  세속의 명예란 한낱 헛된 것임에도 불구하고 세상 사람들은 항상 명성과 명예를 구하고자 한다. 사람들이 이처럼 평생 명성과 명예를 얻는 데만 급급해 할 뿐 진실한 도를 배우지 않고 닦지 않는다면 설령 한때 명성을 얻었다 해도 그것이 세간에 드러나게 될 때쯤이면 자신은 이미 이 세상 사람이 아닌 죽음 저편에 서 있게 되는 것이다.[10]

  그것은 결과적으로 아무것도 남기지 못한 것이 될 뿐만 아니라 공덕조차도 없어 공(功)을 생각한 나머지 모양(形)을 괴롭히는 것과 같고 헛된 명성과 명예를 위해 뼈아픈 노력을 기울인 것과 다르지 않다. 이는 마치 향을 태우면 한때는 참으로 아름다운 향내를 맡으며 즐길 수 있으나 그러는 사이 향이 모두 타 버리고 나면 뒤에는 불씨와 재만 남는 것과 같다고 할 수 있다

  지금 우리들도 이와 같이 명성과 명예만을 소중히 여겨 탐욕을 버리지 못하거나 한때의 향내에 취해 도를 배우지 않는다면

---

10 원문의 故(고)는 亡(망)과 같은 뜻이다.

몸이 멸한 뒤에 남는 것은 아무것도 없고, 탐욕의 뿌리는 다 타고 남은 불처럼 자신과 세상을 위태롭게 할 것이다.

  예나 지금이나 이 병에 걸린 사람들은 세간·출세간을 막론하고 적지 않다. 그것이 헛된 것임을 생각하면서도 집착을 버리지 못하고, 몸을 위태롭게 하는 마의 불씨인 줄 알면서도 그것에서 떠나지 못한다. 버리기 어려운 오욕(五欲)의 하나이기 때문이다. 부처님께서는 그것을 경계하고 삼갈 줄 알아야 한다고 가르치고 계신 것이다.

칼끝의 꿀

부처님께서 말씀하셨습니다.

"재물과 색(色: 이성)에 대한 욕구를 사람들은 버리지 못한다. 이러한 욕심이란 비유하자면 한번 먹기도 어려운 칼날에 [묻어] 있는 꿀을 어린아이처럼 그것을 핥는다면 곧 혀를 베이는 화를 입는 것과 같다."

佛言: 財色於人, 人之不捨, 譬如刀刃有蜜, 不足一餐
불언　재색어인　인지불사　비여도인유밀　부족일찬
之美, 小兒舐之, 則有割舌之患.
지미　소아지지　즉유할설지환

해설

이 장에서는 재욕과 색욕이 미치는 화(禍)에 대해 칼날에 묻은 꿀에 비유하여 설하고 계신다.

재물이란 넓은 의미로 보면 의식주의 근본이며 색(色)이란 남녀 간의 본능적 욕구이니 어느 것이나 보통 사람들에게는 모두 필요한 것들이다.

이를테면 석가모니 부처님께서도 수행하시는 동안 삼의일발(三衣一鉢)로 배고픔과 추위를 견디셨고, 죽림정사(竹林精舍)라든가 기원정사(祇園精舍) 등 부처님께서 주석하시던 사원들이 더 없이 훌륭한 건물이었지만 한 벌의 의복은 있어야 했다. 삼의

일발은 결코 재물에 대한 욕심이라고 할 수는 없다.

또한 같은 보살이라 하더라도 재가(在家)보살은 처자권속들을 부양해야 할 책임과 의무가 있기 때문에 재물과 색연(色戀)은 어느 정도 필요하다.

이러한 절대 필요분을 제외한 그 외의 재물과 색에 대한 욕구는 탐심에서 나온 것이므로 재욕·색욕이라 하여 경계하지 않으면 안 된다고 가르치고 있다.

속된 말로 재물에는 부자간(父子間)이라도 남남이라고 하고, 연심(戀心)은 사색 밖의 일이라 하였듯이 자칫하면 재물로 인해 부자간의 천륜도 끊어지고, 색욕으로 인해 인간의 상도(常道)를 벗어나는 일이 많기 때문에 특히 여기에 대해 경계할 것을 거듭 강조하신 것이다.

앞의 16장에서는 애욕으로 인해 사람의 마음이 동요되는 것을 맑은 물을 손으로 휘저어 탁하게 만들면 어떤 형상도 올바르게 비춰 보지 못하는 것에 비유하였는데, 여기서는 칼날에 묻어 있는 꿀을 핥는 것에 비유하여 그 화를 경계토록 가르치고 있다.

칼날에 묻은 꿀이란 아무리 달다 하더라도 한번 맛보는 것에 불과한데 그 단맛에 속아 지혜 없는 어린아이처럼 자꾸만 칼날을 핥다보면 급기야는 혀를 베이는 것과 같다. 재욕과 색욕에 눈이 어두워 그 탐욕심을 버리지 못한다면 마침내는 재화(災禍)를 불러일으키게 되므로 재색에 대한 탐심은 스스로 경계하지 않으면 안 된다고 훈계하시는 것이다.

범부와 아라한

부처님께서 말씀하셨습니다.

"사람들이 처자와 가정에 얽매이는 것은 감옥에 갇히는 것보다 더 심하다. 감옥에서는 풀려날 때라도 있지만 처자에 매인 마음은 멀리 떨어지려는 생각이 나지 않는 것이니, 색정을 사랑하면 어찌 분주함을 면할 것인가. 삼가지 않으면 안 된다.

정욕에 얽매인 사람은 호랑이에게 잡혀 먹히는 재앙이 있더라도 마음은 달게 여기고, 진흙 속에 스스로 몸을 던져 빠지는 것과 같으니 이러한 사람을 범부(凡夫)라 한다. 그러나 애욕의 문을 뛰쳐나와 모든 번뇌의 티끌을 벗어난 이는 나한(羅漢)이라 한다."

佛言: 人繫於妻子舍宅, 甚於牢獄, 獄有散釋之期, 妻子無遠離之念, 情愛於色, 豈憚驅馳. 雖有虎口之患, 心存甘伏, 投泥自溺, 故曰凡夫, 透得此門, 出塵羅漢.

> 해설

이 장에서는 애욕과 정에 이끌려 번뇌가 일어나는 것을 경계하고 계신다.

23장부터 32장까지는 애욕에 대한 경계를 설한 것인데, 그 중에서도 이 장은 소승출가(小乘出家)자들을 대상으로 번뇌에서 벗어나 나한(羅漢)이 될 수 있는 방법을 말씀하신 장이다.

부처님께서는 처자나 가정에 얽매이는 것은 감옥에 갇혀 있는 것보다 더 부자유한 것이라 말씀하셨다. 가령 한때 죄를 짓고 감옥에 들어갔다 하더라도 그것은 일정한 기일이 지나면 방면될 수 있다. 하지만 처자에 대한 애욕에 얽매이고 가정이라는 보이지 않는 줄에 묶여 움직이지 못하는 것은, 언제 그곳에서부터 벗어난다는 시한이 없을 뿐만 아니라 세월이 가면 갈수록 점점 애욕에 대한 죄과만 무겁게 쌓이게 되어 마침내는 세세생생, 미래영겁토록 벗어나지 못하게 되는 것이다. 그 모습을 '색정을 사랑하면 어찌 분주함을 면할 것인가'라고 하였다.

피나는 노력을 하고 한탄과 신음이 그치지 않는다 해도 처자를 위해서는 그것을 싫어하지 않는다. 그것은 마치 호랑이에게 잡혀 먹히더라도 마음으로 달게 여기는 것과 같아 고되다는 생각도, 어렵다는 생각도 하지 않는다. 이러한 모습은 마치 진흙구덩이에 스스로 뛰어드는 것과 같다.

이같이 어리석음을 범하는 자를 부처님께서는 범부(凡夫)라 하였다. 여기서 말하는 범부란 탐진치 삼독(三毒)을 제거하고 나한의 깨달음을 얻은 사람에 비교한 것으로 아직 나한의 경지에 이르지 못한 사람을 뜻한다. 세간에서 말하는 범부와는 그 의미가 다르다.

  우리들은 다행히도 나한에 이르는 단계와 경지를 거치지 않고 번뇌를 품은 그대로 금생성불(今生成佛)의 바른길에 들어 번뇌가 곧 보리(bodhi)요, 생사가 곧 열반의 몸이 될 수 있는 진실한 대승불교의 가르침과 인연을 맺고 있어 좌선, 염불, 관법, 창제(唱題) 등 어느 방법으로든지 진실한 신심으로 수행하면 일승원돈(一乘圓頓)[11]의 법에 귀의할 수 있으니 오직 삼가며 부지런히 불법을 닦는 것만이 견성성불의 경지에 들 수 있는 관문일 것이다.

---

11 일승원돈(一乘圓頓): 모든 법이 원만하여 많은 시간을 경과하지 않고 담박에 성불하는 것을 말한다. 원돈일승이라고도 한다.

제24장
최고의 욕망

부처님께서 말씀하셨습니다.

"애욕 중에서 색(色: 이성)에 대한 욕망보다 더한 것은 없다. 색에 대한 욕망은 크기가 한량없다. 마침 하나뿐이어서 그만이지 만약 같은 것이 두 가지나 되었다면 세상 사람들 중에 도를 구하는 사람이 없었을 것이다."

佛言: 愛欲莫甚於色, 色之爲欲, 其大無外, 賴有一
불언 애욕막심어색 색지위욕   기대무외   뢰유일
矣, 若使二同, 普天之人, 無能爲道者矣.
의 약사이동   보천지인   무능위도자의

해 설

이 장에서는 색욕이 중생의 가장 큰 병임을 밝히고 경계할 것을 말씀하고 계신다.

애욕(愛欲)의 대상이 되는 것은 여러 가지가 있겠지만 그 중에서도 남녀 간의 색욕보다 얽매이기 쉽고 또 제거하기 어려운 것은 없을 것이다. 이러한 까닭에 부처님께서도 애욕 중에서 색욕보다 더한 것은 없고 크기 또한 한량없다고 하셨다. 곧 끝과 변이 없이 무한하다는 뜻이다. 왜냐하면 세간에 살고 있는 일체중생, 일체사물은 모두 이 색욕이라는 본능적 작용에 의해 태어났기 때문이다.

만물의 영장이라는 인간으로부터 미물인 곤충에 이르기까지 어느 것 하나도 색욕의 지배를 받지 않는 것이 없을 만큼 색욕은 한량없는 지배력을 가지고 있다. 이렇게 크고 한량없는 것이 만약 우리에게 두 가지나 세 가지쯤 있다면 우리 인간은 한 사람도 도덕이니 의리니 하는 것을 판별해 사람으로서의 도리를 지키는 자가 없을 것이며, 누구도 도를 위해 나아가는 사람이 없을 것이다.

그만큼 색욕이 우리에게 미치는 영향과 해(害)가 극심하니 자제하고 경계하지 않으면 안 된다는 뜻에서 거듭 말씀하시는 것이다.

제25장
자신을 태우는 애욕

부처님께서 말씀하셨습니다.

"애욕에 빠진 사람은 마치 횃불을 들고 역풍(逆風)을 향해 가다 반드시 손을 태우는 화를 당하는 것과 같은 것이다."

佛言: 愛欲之人, 猶如執炬, 逆風而行, 必有燒手之患.
불언 애욕지인 유여집거 역풍이행 필유소수지환

해 설

이 장에서는 애욕을 버리지 않으면 결국은 화를 초래하게 된다는 것을 비유로 훈계하고 계신다.

앞에서는 횃불을, 어둠을 밝히고 도를 보는 것에 비유하였는데 여기서는 애욕의 불로 비유하였다. 횃불이란 어둠을 밝히는 것이지만 오랫동안 쥐고 놓지 않으면 점점 타들어가 나중에는 손을 태우게 된다. 또 그것을 들고 바람을 향해 간다면 불티가 모두 자기 몸에 떨어져 화상을 입을 것이다.

애욕이란 것도 이와 같아 빨리 놓아 버릴 줄 아는 공부를 하지 않으면 그로 인해 반드시 화를 당한다고 하시며 경계하고 삼갈 것을 부처님께서는 당부하셨다.

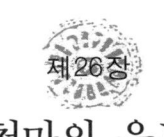

천마의 유혹

천신(天神)이 부처님께 아름다운 여자를 보내어 부처님의 뜻을 무너뜨리려 하였습니다. 그러자 부처님께서 말씀하셨습니다.

"온갖 더러운 것을 담은 가죽 주머니가 와서 어쩌자는 것이냐. 내게는 아무 소용이 없으니 가거라."

천신이 그 말을 듣고 더욱 공경하여 도(道)의 뜻을 묻자, 부처님께서 그 뜻을 풀어 말씀하니 곧 수다원과를 얻게 되었습니다.

天神獻玉女於佛, 欲壞佛意. 佛言: 革囊衆穢, 爾來何
_{천 신 헌 옥 여 어 불   욕 괴 불 의   불 언   혁 낭 중 예   이 래 하}
爲, 去吾不用. 天神愈敬, 因問道意. 佛爲解說, 卽
_{위   거 오 불 용   천 신 유 경   인 문 도 의   불 위 해 설   즉}
得須陀洹果.
_{득 수 다 원 과}

해설

이 장은 부처님께서 수행하실 때 천신(天神)의 교란에 동요되지 않고 마침내 천신을 교화시키신 모습을 전하고 계신다.

천신이란 부처님 당시 인도의 외도(外道)들이 신앙의 대상으로 삼고 있던 하늘의 귀신, 즉 하늘 마(魔)를 말한다. 그 천신들이 수행중인 부처님의 마음을 교란시켜 의지를 시험해 보려는 생각으로 옥같이 아름다운 여인을 부처님께 바치겠노라고 데리고 왔다.

이 설화는 『석가보(釋迦譜)』, 『선악인과경(善惡因果經)』, 『서응본기경(瑞應本起經)』, 『불본행경(佛本行經)』 등에도 실려 있는데 세 명의 여인이라고 한 곳도 있고 네 명이라고 한 판본도 있다. 어느 것이든 실제로 있었던 일이 아니라 부처님 마음 가운데 아직도 욕정과 도심(道心)이 싸우고 있었던 때의 일을 형용한 것이 아닌가 한다.

그때 부처님은 옥같이 아름다운 여인들을 보고 '온갖 더러운 것들로 가득 차 있는 가죽주머니[革囊]를 무엇에 쓸 것인가, 내게는 쓸모가 없으니 물러가라'고 준엄하게 타이르셨다.

혁랑(革囊)이란 가죽으로 만든 주머니를 뜻하고 중예(衆穢)란 온갖 더러운 것이 가득함을 뜻하니 아무리 아름다운 여인이라 할지라도 한 꺼풀 벗기고 보면 한 장의 가죽으로 만든 주머니 속에 온갖 추하고 더러운 것들이 가득 차 있는 것과 같으므로 '내게는 쓸모가 없으니 물러가라'고 하셨던 것이다. 그 말씀을 듣고 천신은 그 자리에서 부처님께 감복되어 가르침을 받고 교화되었다.

이는 천신이 처음부터 부처님을 괴롭히려고 악심을 가지고 계획적으로 일을 꾸민 것이 아니라, 수행의 의지와 도력을 시험해 보기 위해 그렇게 했던 것이다. 이 천신은, 부처님은 이미 어떤 것으로도 무너뜨릴 수 없는 굳건한 뜻을 세우셨다는 것을 알고 감복하여 예를 드린 후 '그러면 진실한 도(道)란 무엇입니까' 하고 묻는다. 이에 부처님께서 참된 도란 무엇인지를 자상하게 풀어 가르쳐 주자, 즉석에서 깨달음을 얻어 소승사과(小乘四果)의 첫째인 '수다원과'를 얻게 되었다.

　이 장에서 보이듯이 불도를 닦는 사람이라면 항상 마음을 다스려 도심(道心)이 결코 색욕에 패하는 일이 없도록 해야 할 것이다.

제27장
쉼 없는 정진

부처님께서 말씀하셨습니다.

"대저 도를 닦는다는 것은 마치 물에 뜬 나무가 물결 따라 흘러가는 것과 같다. 물결을 따라 흘러가되 양쪽 기슭에 걸리지 않고, 사람 손에 잡히지 않으며, 귀신에게 가로막히거나 소용돌이에 걸려 머물지 않고 또한 썩지 않는다면 이 나무는 반드시 바다에 이를 것이다.

도를 배우는 사람으로 정욕에 빠지지 않고 모든 삿된 도에 휘말리지 않으며 꾸준히 정진하여 함이 없는 곳에 이르면 이 사람은 반드시 도를 얻게 될 것이다."

佛言: 夫爲道者, 猶木在水尋流而行, 不觸兩岸, 不爲
불언   부위도자 유목재수심류이행   불촉양안   불위
人取, 不爲鬼神所遮, 不爲洄流所住, 亦不腐敗, 吾保
인취 불위귀신소차   불위회류소주   역불부패 오보
此木, 決定入海. 學道之人, 不爲情欲所惑, 不爲衆邪
차목 결정입해   학도지인   불위정욕소혹   불위중사
所嬈, 精進無爲, 吾保此人必得道矣.
소요 정진무위   오보차인필득도의

해설

이 장에서는 진실로 보리대도를 구하는 자는 강물을 따라 바다로 흘러가는 나무와 같이 어떠한 걸림에도 걸리지 않는 중도

행(中道行)을 통해서만이 바다, 곧 대도에 이를 수 있음을 가르치고 계신다.

대도를 구하고자 도를 닦거나 도를 배우거나 수행하는 데 있어 가장 큰 장애는 뜻한 대로 나아갈 수 없게 만드는 마장의 방해이다. 도를 닦는다는 것은 마치 물결 따라 흘러가는 나무와 같고 도를 얻는다는 것은 그 나무가 온갖 수난을 겪고 난 후 드디어 바다에 이르는 것과 같다고 하셨다.

먼저 양쪽 기슭에 닿지 않아야 한다는 것은 미워하거나 귀여워하거나 슬퍼하거나 기뻐하는 등 감정이 한쪽 극단에 치우침이 없는 중도의 마음가짐을 가져야 함을 말한다.

구도자가 나아가는 길에는 그 나아감을 방해하는 것이 항상 복병처럼 숨어 있으므로 거기에 사로잡히지 않아야 한다는 뜻이다. 또 주위 사람들의 방해에도 사로잡혀서는 안 된다.

진실한 보리대도를 구하려는 사람에게는 범부가 겪는 장애보다도 더 많은 방해와 장애가 얽혀 온다. 그러나 결코 인정이나 유혹에 사로잡혀 구도의 길을 멈추어서는 안 되고 귀신의 방해 때문에 그 길이 차단되어서도 안 된다. 귀신뿐만 아니라 여러 가지 외도(外道)나 사도(邪道), 이단(異端) 종교 따위에도 미혹되지 않아야 하며 소용돌이에 걸려 앞으로 나아가지 못하는 일도 없어야 한다.

바다로 흘러 나아가야 할 나무가 소용돌이에 걸리면 그 자리에서 맴돌 뿐 벗어나기 어려운 것과 마찬가지로 도를 닦고 수행하는 사람이 경론의 문구해석에 매달린다든지 또는 사우(師友)의 말에 의심을 일으켜 진실한 구도의 길을 잃고 나아갈 줄

모른다면 결코 바다라는 대도에 이를 수 없는 것이다. 수행을 게을리 하여 공부가 진척이 없는 것은 마치 나무가 고인 물을 떠다니거나 소용돌이에 걸려 그 자리에서 맴돌다 결국 썩어 버리는 것과 같으니 부지런히 수행하여 그러한 현상에 떨어지지 않도록 노력해야 한다.

이와 같이 대도를 닦는 구도자라면 온갖 역경을 슬기롭게 극복하고 무슨 일이 있더라도 도를 얻겠다는 굳은 의지를 세워 어떤 것에도 미혹되지 않고 기필코 이루어 내야 한다.

불도(佛道)의 바다에 이르고자 하는 사람이라면 증애(憎愛), 희비(喜悲), 색욕(色欲) 등에 현혹되지 말고 외도나 사도(邪道)에도 얽매이지 말아야 하며, 어떠한 종교나 사상 따위에도 뜻을 굽혀서는 안 된다. 오로지 무아무위(無我無爲)의 참된 가르침에 따라 정진·수행하는 사람은 반드시 도를 얻을 수 있고 삼세제불(三世諸佛)과 같은 깨달음을 얻어 대심해(大心海)에 귀의할 수 있음을 말씀하고 계신다.

불완전한 생각

부처님께서 말씀하셨습니다.

"삼가 네 생각을 함부로 믿지 말라. 네 생각을 믿어서는 안 된다. 이성[色]과의 만남도 삼가라. 이성과 만나면 곧 화(禍)가 생긴다. 아라한(阿羅漢)을 증득한 후라면 네 생각을 믿어도 될 것이다."

佛言: 愼勿信汝意, 汝意不可信. 愼勿與色會, 色會卽禍生. 得阿羅漢已, 乃可信汝意.

해 설

이 장에서는 자신의 생각을 옳다고 믿는 오류를 범하지 말라고 경계하고 계신다.

무릇 우리들 범부의 마음은 나뭇가지에서 자기 마음대로 이리저리 뛰어다니는 원숭이와 같고 넓은 벌판에 고삐를 풀어 놓은 망아지와 같으므로 마음과 생각 모두 믿지 말아야 한다.

왜냐하면 지금 이 자리에서는 기쁘다고 생각했는가 하면 어느 사이에 돌연 슬퍼지기도 하고, 언제는 좋았다가 언제는 싫어지는 등 한결같은 생각을 가지지 못하기 때문이다.

또한 자신의 생각이 옳다고 해도 절대적일 수 없고 아무리 훌륭한 이론이라 해도 절대불변의 진리일 수는 없다. 아만에 빠져 스스로를 믿고 자만해서는 안 된다.

또 색욕에 광혹(狂惑)되면 어떤 재화(災禍)가 생길지 예측할 수 없고 반드시 화를 자초하게 되므로 이성과는 함께하지 말라고 말씀하였다.

우리가 어떤 상대를 두고 마음속으로 밉다든가 귀엽다든가 애석하든가 가지고 싶다는 등 차별심을 내는 가운데에는 일정한 분별상주와 평등의 본심본성이 있다. 그것을 본성(本性)이라 하기도 하고, 법성(法性)·진여(眞如)·신심(信心)이라고도 하며 본래면목(本來面目), 주인공(主人公) 등 종지(宗旨)에 따라 각기 다른 이름을 붙이고 있으나 그 의미는 크게 다르지 않다.

지금 여기서는 아라한과(阿羅漢果)를 얻은 후라면 너의 생각을 믿어도 된다고 하였지만 대승적 입장에서는 자력(自力)이나 타력(他力)을 막론하고 신심이 결정되어 팔정정취(八正定聚), 주불퇴전(住不退轉)의 몸이 되지 않는 한 결코 자신의 생각을 믿어서는 안 된다.

타력을 종지로 하는 입장에서는 물론 부처님의 원력에 맡길 뿐, 내 마음이라 인증할 수 있는 것은 없다고 보아야 한다. 자력의 극치라 할 수 있는 선종에서 범부의 의지대로만 믿게 된다면 신불성현(神佛聖賢)의 도에 계합되지 못한다는 점을 강조하고 있는 것도 그러한 까닭이다.

이성을 보는 법

부처님께서 말씀하셨습니다.

"삼가 여색(女色)을 만나지 말고, 말을 주고받지도 말라. 만약 함께 말을 해야 할 경우라면 정심(正心)으로 이렇게 사념(思念)하라.

'나는 사문이다. 비록 혼탁한 세상에 처해 있더라도 진흙탕에도 더럽혀지지 않는 연꽃과 같이 청정을 지키리라.'

이렇게 스스로 다짐하고 연로한 여인은 어머니처럼 생각하고, 자기보다 위인 여인은 누나같이 생각하고, 아래인 여인은 누이동생처럼 생각하며, 어린 사람은 자식처럼 생각하여 제도할 마음을 내면 나쁜 생각이 사라질 것이다."

佛言: 愼勿視女色, 亦莫共言語. 若與語者, 正心思念; 我爲沙門, 處於濁世, 當如蓮華 不爲泥汚. 想其老者如母, 長者如姊, 少者如妹, 稚者如子, 生度脫心, 息滅惡念.

해설

이 장에서는 불도를 닦는 사문이 여인을 대할 때의 마음가짐에 대해 설하고 계신다.

수행에 지장을 주는 것 중에서 가장 큰 것은 바로 색욕이다. 그러므로 불도를 수행하는 사람은 개인적으로 여자를 만나지 않는 것이 좋다. 부득이한 사정으로 만나지 않으면 안 될 경우라면 만나긴 하되 말을 주고받지 않는 것이 차선이다. 또 부득이 말을 하지 않으면 안 될 경우라면 정심사념(正心思念), 곧 마음을 바르게 가지고 다음과 같이 생각하고 다짐해야 한다.

'나는 불도를 닦는 사문으로 이미 출가하여 승려의 몸이 되었다. 비록 몸은 오탁악세(汚濁惡世)라 일컫는 사바세계에 처해 있지만 진흙 속에 피어 있는 연꽃과 같이 청정을 지키리라. 저 연꽃은 진흙 속에 있을지라도 진흙에 더럽혀지는 일이 없지 않은가? 비록 흙탕물이 연잎과 꽃을 더럽힐지라도 결코 더럽혀지지 않듯이 나도 반드시 그와 같이 청정을 지켜 가리라.'

이와 같이 생각하고, 혹 연로한 여인을 만나면 나의 어머니와 같이 생각하고, 나보다 나이가 좀 위인 여인을 만나면 누나같이 생각하며, 나보다 나이가 적은 여인을 만나면 누이동생같이 생각하고, 어린 사람을 만나면 자식같이 생각해야 한다.

모든 여인들을 이렇게 어머니나 자매, 자식같이 생각하고 내가 제도하지 않으면 안 되는 중생이라 여긴다면 자연히 나쁜 마음이 일어나지 않고 평상심을 유지하며 자비로 여인들을 대할 수 있을 것이다. 이렇게 되면 진실로 신성한 이성이 생기게 되는 것이다.

수행자의 처신

부처님께서 말씀하셨습니다.

"무릇 불도를 닦는다는 것은 마른 풀로 만든 옷을 입었을 때 불길이 다가오면 피해야 하는 것과 같이 도를 닦는 사람은 애욕의 대상을 보면 반드시 멀리해야 한다."

佛言: 夫爲道者, 如被乾草, 火來須避, 道人見欲, 必
불언   부위도자 여피간초 화래수피 도인견욕 필
當遠之.
당원지

해 설

이 장에서는 불도를 닦는 사람의 마음가짐에 대해 비유로써 가르치고 계신다.

진실한 마음으로 도를 배우고 닦아 깨달음을 얻으려는 사람은 마른 풀로 만든 옷을 입은 것처럼 늘 마음을 단속하고 다스려 애욕의 불길이 가까워 다가왔다고 생각하면 그것을 피해 멀리 떠날 수 있는 자세가 되어 있어야 한다.

어떤 경우라도 마음을 어지럽히는 애욕을 가까이하면 반드시 화상을 입는다는 것을 알고 경계하는 마음을 늦추지 말 것을 당부하신 것이다.

제31장
욕심의 뿌리

부처님께서 말씀하셨습니다.

음욕을 참지 못하고 괴로워하다가 스스로 음경(陰莖)을 끊어 버리려는 사람이 있었습니다. 부처님께서 그 사람을 위해 말씀하셨습니다.

"만약 음경을 끊어 버리더라도 그것은 마음을 끊는 것만 못한 것이다. 마음은 마치 공조(功曹)와 같으니 공조를 멈추게 한다면 공조를 따르는 것들은 모두 식멸되는 것인데 사심(邪心)을 멈추지 않고 음경을 끊는다면 무슨 이익이 있겠느냐."

부처님께서는 게송으로 말씀하셨습니다.

"욕심은 너의 마음에서 생기고
　마음에서 사(思)와 상(想)이 생기나니
　두 마음이 각각 적정(寂靜)하다면
　색(色)이 아니요 행(行)도 아니다."

이어서 부처님께서 말씀하셨습니다.
"이 게송은 가섭부처님[迦葉佛]의 말씀이다."

佛言: 有人患婬不止, 欲自除陰. 佛謂之曰; 若斷其
陰, 不如斷心, 心如功曹, 功曹若止, 從者都息, 邪心
不止, 斷陰何益. 佛爲說偈:

欲生於汝意, 意以思想生.
二心各寂靜, 非色亦非行.

佛言: 此偈是迦葉佛說.

해설

이 장에서는 욕망을 끊고 깨달음을 얻는다는 것은 마음에 달려 있는 것이지 결코 육체에 대한 가혹으로 얻어지는 것이 아니라는 것을 말씀하고 계신다.

『법구비유경(法句譬喩經)』[12]에도 이와 같은 이야기가 실려 있다. 음욕을 참기 어려워 고민하다가 드디어 음경(陰莖)을 끊어버리려고 하는 사람이 있었다. 그때 부처님께서 그에게 '마음은 마치 공조(功曹)와 같은 것이다'고 말씀하셨다.

공조란 어떤 모임이나 단체의 인솔자 또는 지휘자를 뜻한다. 따라서 단체에 소속된 사람들은 지휘자의 지시에 따라 각 분야별로 자기가 맡은 역할을 수행하도록 되어 있다. 그런데 만약 지휘자에게 문제가 생겨 통솔력을 상실하거나 엉뚱한 일에 신경을 쓰게 되면 그 산하에서 움직이던 사람들은 모두가 통제권

---

12 『법구비유경(法句譬喩經)』: 4권. 서진(西晋) 법거(法炬) 번역하였다. 39품이고, 『대의출요경(大意出曜經)』과 같으나 다만 차례가 다르다.

을 벗어나 제멋대로 행동하거나 아니면 제대로 역할을 수행하지 못하고 활동이 멈춰지게 된다.

이와 같이 몸을 잘 통솔하기 위해서는 지휘자인 마음을 잘 다스려야 한다. 마음이 색욕에 동하지 않고 고요한 상태로 있으면 육체도 고요한 상태를 유지할 수 있다. 하지만 색욕에 광혹(狂惑)된 혼미한 마음을 다스리지 않고 음경을 끊어 버리려 하는 것은 육신만 상하는 것일 뿐, 욕정의 뿌리를 다스리는 데는 아무 소용이 없는 것이다. 색욕에 광혹된 삿된 마음을 버리지 않는 한 음경을 끊는다고 해서 무슨 이익이 있겠느냐고 하신 것은 바로 이 때문이다.

이어 그 사람을 위해 게송을 설하셨다.

"욕심은 너의 마음에서 생기고
마음에서 사(思)와 상(想)이 생기나니
두 마음이 각각 적정(寂靜)해지면
색(色)도 아니요 행(行)도 아니다."

여기서 첫 번째 구절 '욕심은 너의 마음에서 생기고'에서 '마음'이란 6식(六識)[13] 중에서 제 6의식(意識)에 해당하며 의식은 분별사식(分別事識)이라고도 한다. 사물의 증애(憎愛)를 분별하는 마음을 뜻한다.

일반적으로 심리학자들은 마음을 지(知)·정(情)·의(意) 셋으

---

13 6식(六識): 객관적 만유의 대상을 색(色)·성(聲)·향(香)·미(味)·촉(觸)·법(法)의 6경(境)에 대하여 보고·듣고·말하고·맛보고·닿고·알고 하는 인식작용. 곧 안식(眼識)·이식(耳識)·비식(鼻識)·설식(舌識)·신식(身識)·의식(意識)을 뜻한다.

로 구분하고 있는 데 비해 불교에서는 의식작용을 더 세분하여 논하고 있다.

그렇다면 '의식'이라는 것은 어디서 일어나는 것일까?

바로 의(意)·사(思)·상(想)으로부터 일어나는 것이라고 정의할 수 있고, 자세히 말한다면 심왕(心王)[14]과 심소(心所)[15]라고 할 수 있다. 따라서 의식은 심왕의 일부이고 사(思)와 상(想)은 심소의 일부인데, 사(思)의 심소는 조작하는 것을 성(性)으로 삼으며 경계상의 정인(正因), 사인(邪因), 위인(違因)의 상에 집착하는 것이고, 상(想)의 심소는 집취(執取)를 의(義)로 하며 경계 상에서 상(像)을 취해 성(性)으로 삼는다.

요약해 말하면, 어떤 사물을 보거나 접했을 때 귀엽다고 생각한다든가 또는 싫다고 생각하는 것은 사(思)이고, 그러한 생각이 마음속에 계속 남아 그것이 다시 생각나는 것은 상(想)이다.

이와 같이 마음의 작용이 모여 우리들의 의식 세계를 만들어 내는 것이기는 하나 두 마음이 각각 적정(寂靜)하게 되어 사(思)나 상(想)이 망령되게 움직이지 않으면 의식도 스스로 적정하게 되니, 이 경계는 바로 색(色)도 아니고 행(行)도 아닌 비색비행(非色非行)의 자리이다.

여기서 색(色)이란 색욕만을 지칭하는 것이 아니라 색상과 모

---

14 심왕(心王): 의식작용의 본체. 객관 대상에 향하여 그 일반상(一般相: 總相)을 인식하는 정신 작용. 부파에 따라 6식(識)·8식·9식의 구별하기도 한다.
15 심소(心所): 갖춘 말로는 심소유법(心所有法)으로 의식 작용의 본체를 심왕(心王)이라 하고 객관 대상을 인식할 때에 그 일반상(一般相: 總相)을 인식하는 심왕의 종속(從屬)으로 일어나는 정신 작용을 말한다.

양으로 나타나는 의식의 대상, 즉 모든 인식 대상을 포함하는 말이며, 행(行)이란 그러한 의식작용에 따른 행위를 가리키는 말이다.

이 부분은 '색수상행식(色受想行識)'의 5온[16]을 설명하면 이해가 쉬울 것이나 간략히 말하면 마음에 없는 것은 몸에도, 행에도 나타나지 않는다는 뜻이다.

위의 게송을 말씀하셨다는 가섭불(迦葉佛)은 과거 7불 가운데 여섯 번째 부처님으로 석가여래 선대의 부처님이시다.

---

16 오온(五蘊): 5취온(取蘊)·5음(陰)·5중(衆)·5취(聚)라고도 한다. 온(蘊)은 모아 쌓은 것, 곧 화합하여 모인 것. 무릇 생멸하고 변화하는 것을 종류대로 모아서 5종으로 구별한 것이다.
  ① 색온(色蘊): 스스로 변화하고 또 다른 것을 장애하는 물체.
  ② 수온(受蘊): 고(苦)·락(樂)·불고불락(不苦不樂)을 느끼는 마음의 작용.
  ③ 상온(想蘊): 외계(外界)의 사물을 마음속에 받아들이고, 그것을 상상하여 보는 마음의 작용.
  ④ 행온(行蘊): 인연으로 생겨나서 시간적으로 변천함.
  ⑤ 식온(識蘊): 의식(意識)하고 분별함.

근심의 뿌리

부처님께서 말씀하셨습니다.

"사람은 애욕으로부터 근심이 생기고, 근심으로부터 두려움이 생긴다. 만약 애욕에서 떠날 수 있으면 무엇을 근심하고 두려워할 것인가?"

佛言: 人從愛欲生憂, 從憂生怖, 若離於愛, 何憂何怖.

해설

이 장에서는 근심과 두려움의 뿌리가 애욕임을 밝혀 애욕으로부터 떠나도록 가르치고 계신다.

모든 근심은 애욕으로부터 생긴다. 사물에 집착하면 그것에 대한 애욕심이 생기고 점차 그것을 탐하게 되는 것이 인간의 본성이다.

여기서 애욕이란 남녀 간의 정욕, 즉 색욕만을 지칭한 것이 아니라 모든 사물에 대해 '이것은 좋다', '사랑스럽다', '마음에 든다', '꼭 가지고 싶다' 등 어떤 사물에 욕심을 가지고 집착하는 마음을 말한다. 예를 들면 세간에서는 값비싼 귀중품이나 서화(書畵)나 골동품 따위를 꼭 내 것으로 하겠다든가, 희귀하고 가치가 있는 것을 기어코 가져 보겠다는 욕심을 내어 그것을 이루기 위해 터무니없는 짓을 자행하는가 하며, 고심하는 마음인 것이다.

또한 그것을 수중에 넣었다면 그때부터는 남에게 빼앗기지나 않을까, 누가 훔쳐 가지나 않을까 하는 근심·걱정과 함께 두려운 마음도 생긴다. 그 때문에 치졸한 인간성을 보이게 되고 의리와 인정을 져버리는 경우도 생긴다.

서화나 골동품 같은 것은 그것 자체가 가치가 있는 것일 뿐 꼭 소유해야 할 것이 아닌데도 이러하니 생활에 절대적으로 필요한 의식주에 있어서야 더 말할 나위도 없다 하겠다. 특히 끊을 수 없는 남녀 관계에 있어서 생기는 근심과 번뇌는 많은 고통을 안겨 준다. 현세에서만이 아니고 미래 영겁토록 우화(憂禍)의 종자가 되는 것도 모두 다 이 애욕으로부터 생겨난다.

그러므로 근심·걱정과 고통의 근본이 되는 애욕을 단절한다면 아무것도 두려워할 것 없는 대안락(大安樂)의 경계에 도달하게 될 것이므로 애욕으로부터 떠나라고 말씀하신 것이다.

일당만의 전투

부처님께서 말씀하셨습니다.

"무릇 도를 닦는다는 것은 마치 한 사람이 만 명의 적을 상대하여 싸우는 것과도 같다. 갑옷을 걸치고 싸움터에 나아감에 어떤 사람은 미리 겁을 집어먹고, 어떤 사람은 중도에서 물러나고, 어떤 사람은 싸우다 죽는가 하면 어떤 사람은 이기고 돌아오기도 한다.

도를 닦는 것도 이와 같으니 사문이 도를 배움에 임해서는 그 마음을 굳게 가져 용맹 정진해야 한다. 어떤 일이 있어도 두려워하지 않으면 모든 마장들을 다 물리치고 도과(道果)를 증득할 것이다."

佛言: 夫爲道者, 譬如一人與萬人戰, 挂鎧出門, 意或
불언 부위도자 비여일인여만인전 패개출문 의혹
怯弱, 或半路而退, 或格鬪而死, 或得勝而還. 沙門學
겁약   혹반로이퇴   혹격투이사   혹득승이환   사문학
道, 應當堅持其心, 精進勇銳, 不畏前境, 破滅衆魔,
도   응당견지기심   정진용예   불외전경   파멸중마
而得道果.
이득도과

> 해 설

　이 장에서는 불도를 닦는 사람은 용맹정진하고 불퇴전에 머물러야 하며 어떤 어려움이라도 극복하고 해탈의 길을 향해 나아가야 한다는 것을 당부하고 계신다.

　부처님께서는 '불도(佛道)를 수행한다는 것은 비유하자면 한 사람이 만 명의 적을 상대로 싸우는 것과 같다'고 말씀하신다. 여기서 만 명의 적이란 8만 4천의 번뇌와 마장을 뜻한다. 이 많은 번뇌의 적을 상대로 싸워 기필코 이기겠다는 마음가짐으로 정신적 무장을 갖추어 출가했다면 석가여래나 미타여래에게 한걸음도 양보할 수 없는 곳까지 도달해야 한다는 각오를 늦추어서는 안 된다.

　그러나 범부중생은 마음이 굳세지 못하고 겁약(怯弱)하여 제대로 시작도 하지 못하는 이가 있는가 하며, 수행 도중 도저히 자신이 없다는 생각을 일으켜 중도에 파하는 이도 있다. 혹 개중에는 가다가 죽는 한이 있더라도 싸워 이기겠다는 굳은 의지로 힘써 정진하지만 몸이 그 뜻을 지탱해 주지 않아 중도에 꺾이는 이도 있고 뜻하지 않은 병을 얻어 포기하는 안타까운 경우도 있다.

　8만 4천의 번뇌를 타파하고 십력사무애(十力四無礙)[17]의 개선

---

17 십력사무애(十力四無礙): 부처님께만 있는 열 가지 심력과 보살에게 있는 열 가지 지력과 4가지 걸림 없이 아는 것을 말한다.
　(1) *부처님의 열 가지 심력(心力): ① 처비처지력(處非處智力), ② 업이숙지력(業異熟智力), ③ 정려해탈등지등지지력(靜慮解脫等持等至智力), ④ 근상하지력(根上下智力), ⑤ 종종승해지력(種種勝解智力), ⑥ 종종계지력(種種界智力), ⑦ 변취행지력(遍趣行智力), ⑧ 숙주수념지력(宿住隨念智力), ⑨ 사생지력(死生智力), ⑩ 누진지력(漏盡智力).

을 얻게 되는 것은 실로 숙연의 두터운 은총을 입은 사람이라고 할 수 있다. 그러므로 모든 사문은 뜻을 굳게 가지고 용맹정진하여 색성향미촉(色聲香味觸) 등 5진 6욕(五塵六欲)[18]을 두려워하지 말고 장애와 마졸(魔卒)을 물리쳐야 비로소 진실한 도를 얻고 깨달음을 얻게 되는 것이다. 마(魔)란 범어 마라의 준말로 장애(障礙)라고 번역된다.

마(魔)에는 4마, 10마 등 여러 가지가 있으며 마음을 동요하게 하는 것 또는 수행을 방해하는 것 등을 말한다. 좌선, 염불, 학문연구 등 수행을 하다 보면 나의 의지로는 이겨내기 어려운

---

*보살의 열 가지 지력(智力): ① 심심력(深心力), ② 증상심심력(增上深心力), ③ 방편력(方便力), ④ 지력(智力), ⑤ 원력(願力), ⑥ 행력(行力), ⑦ 승력(乘力), ⑧ 신변력(神變力), ⑨ 보리력(菩提力), ⑩ 전법륜력(轉法輪力).

(2) 4무애(無礙), 4무애변, 4무애해라고도 한다.
   ① 온갖 교법에 통달한 법(法)무애.
   ② 온갖 교법에 중요한 뜻을 아는 의(義)무애.
   ③ 여러 가지 말을 알아 통달치 못함이 없는 사(辭)무애.
   ④ 일체 교법을 말하는 데 자재한 요설(樂說)무애.

18 오진육욕(五塵六欲):
   (1) 오진(五塵): 색(色)·성(聲)·향(香)·미(味)·촉(觸)의 5경(境). 5종의 대경은 우리들의 진성(眞性)을 더럽혀 번뇌를 일으키므로 진(塵)이라 한다.
   (2) 육욕(六欲): 6종의 욕락(欲樂).
      ① 색욕: 청·황·적·백·흑 등 빛깔에 대한 탐욕.
      ② 형모욕(形貌欲): 미모(美貌)에 대한 탐욕.
      ③ 위의자태욕(威儀姿態欲): 걸음을 걷고 앉고 웃고 하는 등의 애교에 대한 탐욕.
      ④ 언어음성욕(言語音聲欲): 말·소리·음성·노래에 대한 탐욕.
      ⑤ 세활욕(細滑欲): 이성(異性)의 부드러운 살결에 대한 탐욕.
      ⑥ 인상욕(人相欲): 남녀의 사랑스러운 인상(人相)에 대한 탐욕.

마장들이 수행을 방해하는 경우가 많다. 그러므로 항상 여기에 유의해 어떤 마장의 방해가 있더라도 극복하며 수행정진할 수 있도록 정신적 단련은 물론 육체적 단련도 함께 병행해야 한다.

제34장
알맞음

한 사문이 밤에 가섭부처님의 『유교경(遺敎經)』을 외우는데 그 소리가 슬프고 빠르며 꾸준히 나아가지 못하고 뒤로 물러설 생각을 품었습니다.

부처님께서 사문에게 물으셨습니다.

"너는 옛날 집에 있으면서 무슨 일을 했느냐?"

사문이 대답했습니다.

"거문고 타기를 즐겨했습니다."

사문의 대답을 듣고 부처님께서 말씀하셨습니다.

"거문고 줄이 느슨하면 어떠하든가?"

"소리가 나지 않습니다."

"거문고 줄이 팽팽하면 어떠하든가?"

"소리가 끊어집니다."

"느슨하거나 팽팽하지 않고 거문고 줄이 알맞으면 어떠하든가?"

"모든 소리가 잘 납니다."

그러자 부처님께서 말씀하셨습니다.

"사문이 도를 배우는 것도 그와 같아서 마음이 고르고 알맞아야 도를 깨달을 수 있는 것이다. 도에 대하여 너무

급한 생각을 내면 몸이 피로하고, 몸이 피로하면 마음도 따라서 싫증이 나며, 싫증이 나면 수행이 뒤로 물러서는 것이다. 수행이 뒤로 물러서면 반드시 죄과(罪果)만 늘어나리니, 마음이 깨끗하고 편안해야 도를 잃지 않을 것이다."

沙門, 夜誦迦葉佛遺敎經, 其聲悲緊, 思悔欲退. 佛問之曰: 汝昔在家, 曾爲何業. 對曰: 愛彈琴. 佛言: 絃緩如何. 對曰: 不鳴矣. 絃急如何. 對曰: 聲絶矣. 急緩得中如何. 對曰: 諸音普矣. 佛言: 沙門學道亦然, 心若調適, 道可得矣, 於道若暴, 暴卽身疲, 其身若疲, 矣卽生惱, 意若生惱, 行卽退矣, 其行旣退, 罪必加矣, 但淸淨安樂, 道不失矣.

해설

이 장에서는 거문고 줄을 예로 들면서 사문에게 중도적 수행의 도리란 어떤 것인가를 설하시고 그러한 수행을 통해 청정안락에 들어야 도를 잃지 않는다는 것을 가르치고 계신다.

이 가르침은 수행중인 사문의 근기를 꿰뚫어 보시고 그의 근기에 가장 적절한 법문을 설해 주신 예의 하나이다. 다시 한번 설법의 내용을 살펴보자.

어느 날 밤 사문 한사람이 과거 가섭부처님의 『유교경』을 독송하고 있었다. 그 소리가 조금도 누그러짐이 없이 엄격하면서 급박하고 매우 슬프게 들렸다. 그 슬픔이 생각을 압박하여 마음 가운데 지금까지의 일을 후회하는 생각이 깃들어 불도(佛道)를 수행하는 것조차 싫어하는 빛이 역력했다. 그때 부처님께서 가까이 다가가서 묻는다.

"그대는 출가하기 이전에 무엇을 하였는가?"

"저는 거문고 타는 것을 매우 즐겼습니다."

"그러면 거문고에 관한 것은 잘 알고 있겠구나. 만약 거문고 줄이 느슨해져 있다면 그 소리는 어떠하던가?"

"예, 그러면 소리가 나지 않습니다."

"그렇다면 거문고 줄이 몹시 팽팽하고 강하게 조여졌을 때는 어떠하던가?"

"그때는 너무 소리가 강하여 음을 조절할 수 없어 끊어집니다."

"그러면 거문고 줄이 지나치게 느슨하지도 않고 너무 팽팽하게 조여지지도 않았으며 아주 적당하게 조절되어 있을 때는 어떠하던가?"

"그때는 모든 음이 알맞아 훌륭한 소리를 낼 수 있고, 그 음을 즐길 수 있습니다."

그 말을 들으시고 부처님께서 다시 자상하게 말씀하셨다:

"사문이 도를 배우고 닦는 것도 그와 같은 것이다. 마음이 적절하게 조화되어 있으면 참된 도에 합치되는 수행을 할 수 있으나 아무리 도를 위한 것이라 할지라도 지나치면 신체가 피로하고 피로하면 뜻이 괴로우며 마음속에 번뇌가 생기기 시작한다. 번뇌로 인해 마음이 동요되면 그때부터는 수행이 고달프게 느껴지고 싫어지기도 하며 차츰 태만하게 되는데, 마음이 태만해지면 그로부터 각종 죄과를 범하게 되며 악업이 점차 자라나는 것이다.

  그러므로 항상 청정·안락한 마음으로 육체나 마음이 피로하거나 동요되지 않도록 늘 안정을 유지하지 않으면 안 된다. 마음을 청정·안락하게 가지고 수행할 수 있으면 그로부터 벌써 도는 얻었다고 할 수 있는 것이다."

  본 경 제1장에서도 용맹 정진하는 자세로 수행에 전념할 것을 권한 적이 있으나 지금 여기서는 그 용맹정진으로부터 생길 수 있는 부작용을 설하시어 중도적 수행의 도리를 가르치셨다.

마음의 때

부처님께서 말씀하셨습니다.

"어떤 사람이 쇠로 그릇을 만들 때 쇠를 달구고 두들겨 찌꺼기를 버리고 그릇을 만들면 그 그릇이 정교하고 좋은 것과 같이 도를 배우는 사람도 마음의 찌든 때를 버리면 그 수행이 깨끗해지는 것이다."

佛言: 如人鍛鐵 去滓成器, 器卽精好; 學道之人, 去心垢染, 行卽淸淨矣.
불언 여인단철 거재성기   기즉정호   학도지인   거심구염 행즉청정의

해 설

이 장에서는 마음에 찌든 때를 버림으로써 수행이 청정에 이를 수 있음을 가르치고 계신다.

예를 들어 쇠로 칼을 만든다고 했을 때 쇠를 여러 번 달구고 두드려 녹과 찌꺼기를 깨끗이 제거한 다음 공력을 다해 칼을 만들었다면 그 칼은 정교하고 훌륭한 칼이 되어 길이 후세까지 명검(名劍)으로 불리며 귀중하게 취급될 것이다.

단련되지 않은 쇠가 번뇌와 망상으로 들끓는 범부의 생활과 같다면 달구고 두들겨 찌꺼기를 빼는 것은 번뇌와 망상을 녹여내어 지혜와 공덕을 드러내는 불도의 실천을 상징한다.

그러므로 불도를 수행하는 사람으로서 희노애락(喜怒哀樂), 탐진치 등 때 묻고 찌들은 마음의 때를 깨끗이 제거하여 청정심을 지킬 수 있으면 모든 행이 자재무애하게 된다고 말씀하신다.

더 나은 길

부처님께서 말씀하셨습니다.

"사람이 악도(惡道)를 면했더라도 사람의 몸을 받아 태어나기 어렵고, 사람의 몸을 받았더라도 남자로 태어나기 어렵고, 남자로 태어났더라도 육근(六根)이 완전히 갖춰지기 어렵고, 육근이 완전히 갖춰졌다 하더라도 좋은 나라에 태어나기 어렵고, 좋은 나라에 태어났다 하더라도 붓다가 계신 세상을 만나기 어렵고, 붓다가 계신 세상을 만났더라도 도를 얻은 스승을 만나기 어렵고, 도를 얻은 스승을 만났더라도 신심(信心)을 내기 어렵고, 신심을 냈다 하더라도 보리심(菩提心)을 내기 어렵고, 보리심을 냈다 하더라도 닦을 것도 없고 증득할 것도 없는[無修無證] 경지에 도달하기는 어렵다."

佛言: 人離惡道, 得爲人難, 旣得爲人, 去女卽男難, 旣得爲男, 六根完具難, 六根旣具, 生中國難, 旣生中國, 値佛世難, 旣値佛世, 遇道者難, 旣得遇道, 興信心難, 旣興心信, 發菩提心難, 旣發菩提心, 無修無證難.

해설

이 장에서는 사람에게 출생에서부터 성도에 이르기까지 아홉 가지 어려운 일이 있음을 보이시고 그 어려움을 면해 해탈의 삶에 나아가도록 가르치고 계신다. 다시 한번 살펴보자.

첫째, 이 세상에 사는, 또는 살려고 하는 많은 것들 가운데 지옥·아귀·축생 등 악도를 면했다 하더라도 만물의 영장이라는 사람의 몸을 받아 태어나기 어렵다.

둘째, 모처럼 사람의 몸을 받아 태어났다 하더라도 여자가 아닌 남자 몸으로 태어나기 어렵다.

셋째, 설령 남자로 태어났다 하더라도 안이비설신의(眼耳鼻舌身意)의 6근(六根)을 완비하여 조금도 모자람이 없는 완전무결한 몸으로 태어나기 어렵다.

넷째, 6근을 완비한 훌륭한 몸을 받고 태어났다 하더라도 야만적인 환경 속에 태어나지 않고 문명이 개화된 좋은 나라에 태어나기 어렵다.

다섯째, 좋은 나라에 태어났다 하더라도 부처님과 불법이 있는 나라, 또는 불멸후라 하더라도 정법이 행해지는 나라에 태어나기 어렵다.

여섯째, 부처님과 불법이 있는 세상에 태어났다 하더라도 도를 깨달은 스승을 만나기 어렵다.

일곱째, 도를 깨달은 스승을 만났다 하더라도 신심을 내기 어렵다.

여덟째, 신심을 냈다 하더라도 참된 보리심, 곧 '상구보리(上求菩提), 하화중생(下化衆生)'의 이리원만(二利圓滿)한 마음을 발하기 어렵다.

아홉째, 참된 보리심을 발했다 하더라도 그 수행이나 증과가 절대적인 무위의 경계(無修無證)에 도달하기는 어려운 것이라고 하셨다.

이상과 같이 사람에게는 아홉 가지 어려운 것이 있으나 궁극적으로 추구해야 하는 최후의 목표는 바로 무수무증의 경지라 하겠다.

이 경지를 병자와 약에 비유한다면 병이 있으면 약이 필요할 것이요, 그 약이 병에 잘 맞으면 병이 잘 나을 것이지만 병이라든가 약이라든가 하는 것들은 몸이 완전치 못할 때 쓰이는 말일 뿐이다. 진실로 완전한 몸에는 병이 있을 수 없으니 그 경계에서는 약도 필요 없고 치료할 것조차 없으며 건강이라는 말조차도 필요 없을 것이다.

불법도 또한 그와 같아서 불(佛)이라느니 범부(凡夫)라느니 미(迷)하다느니, 깨달았다느니 하는 것은 모두 도중의 경계를 방편(方便)으로 하는 말이요, 이름일 뿐 진실한 경지에 도달하면 불(佛)이나 범부(凡夫)나 미(迷: 어리석음)나 오(悟: 깨달음)나 하등 차별이 없는 것이다. 이것을 본래면목(本來面目) 또는 현성공안(現成公案)[19]이라 한다.

---

19 현성공안(現成公案): 조작(造作)이나 안배(按排)를 가하지 않고 현재에 성취한 공안을 말한다.

계 지니기

부처님께서 말씀하셨습니다.

"불자(佛子)가 내게서 수천 리 떨어져 있다 해도 나의 계(戒)를 늘 생각하고 기억하면 반드시 깨달음을 얻을 것이지만, 내 곁에 있으며 항상 나를 볼지라도 나의 계(戒)를 따르지 않는다면 끝내 깨달음을 얻지 못할 것이다."

佛言: 佛子離吾千里, 憶念吾戒, 必得道果; 在吾左右, 雖常見吾, 不順吾戒, 從不得道.

해설

이 장에서는 부처님의 법문이 무려 8만 4천이나 되지만 그 많은 법문 중에서도 계(戒)를 따르는 것이 불도 수행에 있어 가장 근본임을 밝히고 계신다.

무릇 불제자가 된 자로, 설사 부처님 곁에서 수천 리 떨어져 있다 할지라도 그 가르침의 계법을 억념하여 잊지 않고 계를 지켜 나간다면 반드시 참된 도를 증득할 수 있지만 조석으로 항상 부처님과 함께 하며 그 곁을 떠나지 않고 생활한다 하더라도 그 계법을 따르지 않는다면 절대로 도를 얻을 수 없으리라는 말씀이다.

부처님께서는 『유교경(遺敎經)』에서도 '내가 멸한 후에는 계법으로써 너희들 스승으로 삼을 지니라' 하셨고, 『영락경(瓔珞經)』에서는 '불가에 주거하는 데는 계로써 근본을 삼는 것이다' 하셨으며, 다른 경전에도 이와 같은 말씀이 여러 차례 언급되어 있다.

　계(戒)에는 첫째 잘못을 막고, 둘째 옳은 일을 행하며, 셋째 중생을 거두어들인다는 세 가지 뜻이 있으니, 이것은 대·소승의 모든 계법에 담긴 기본정신이다.

　따라서 계를 지키고 따른다는 것은 곧 도과를 증득하는 첫걸음이며 첩경이라고 할 수 있다. 그러므로 계란 알고 있는 것만으로는 아무런 의미가 없다. 오직 실행하는 것만이 올바로 계를 지키는 것이며 불도를 닦는 길이다.

사람의 수명

어느 때 부처님께서 어느 사문에게 물으셨습니다.
"사람의 수명이 얼마나 되겠는가?"
사문이 대답했습니다.
"며칠 사이입니다."
그 말을 듣고 말씀하셨습니다.
"그대는 아직 도를 모르는구나."
다른 사문에게 물으셨습니다.
"사람의 수명이 얼마나 되겠는가?"
사문이 대답했습니다.
"밥 먹는 시간 정도입니다."
부처님께서 말씀하셨습니다.
"그대도 아직 도를 모르는구나."
또 다른 사문에게 물으셨습니다.
"사람의 수명이 얼마나 되겠는가?"
사문이 대답했습니다.
"숨 한번 내쉬고 들이쉬는 정도입니다."
그러자 부처님께서 말씀하셨습니다.
"좋다, 잘 말했다. 그대는 도를 아는구나."

佛問沙門: 人命在幾時. 對曰: 數日間. 佛言: 子未知
불문사문　　인명재기시　　대왈　수일간　　불언　　자미지
道. 復問一沙門, 人命在幾時. 對曰: 飯食間. 佛言:
도　부문일사문　　인명재기시　　대왈　반식간　　불언
子未知道. 復一沙門, 人命在幾時. 對曰: 呼吸間. 佛
자미지도　부일사문　　인명재기시　　대왈　호흡간　　불
言: 善哉, 子知道矣.
언　선재　　자지도의

해설

이 장에서는 사람의 수명이 참으로 무상하여 육체적인 생명이라는 것은 마치 숨 한번 쉬는 정도와 같이 잠깐 동안임을 깨우쳐 육신에 대한 집착에서 벗어나 빨리 해탈의 도를 얻게 하고자 문답을 통해 가르침을 주고 계신다.

어느 때 부처님께서 한 사람의 사문에게 물으셨다.
"사람의 수명이 얼마나 된다고 생각하는가?"
"불과 며칠 정도의 짧은 사이라고 생각합니다."
부처님께서 말씀하셨다.
"그대는 아직 도를 모르는구나."
다시 다른 사문에게 물으셨다. 그때 사문은 한껏 줄여서 대답했다.
"밥 먹는 사이입니다."
그러자 부처님께서 말씀하셨다.
"그대도 아직 도를 모르고 있구나."
다른 사문이 대답했다.
"사람의 수명은 숨 한번 내쉬고 들이쉬는 정도로 짧은 시간입니다."

그 말을 들으시고 부처님께서 칭찬하셨다.

"좋다, 잘 말했다. 그대는 도를 아는구나."

이 가르침은 「명근(命根)」[20]을 논한 경전에 자세한 설명과 함께 이치를 논한 부분에 있다. 사람의 수명에 관한 문제는 대승과 소승에 따라 견해에 다소 차이가 있다. 사람의 수명이 호흡하는 순간에 있다고 보는 것은 소승의 주장에 가깝다.

여기서는 사람의 수명이란 영원한 것이 아니고 집착해야 할 대상이 아니며 육신과 수명에 대한 집착으로부터 벗어날 때 비로소 도를 얻을 수 있다는 이치를 밝히는 것이라고 볼 수 있다.

---

20 명근(命根): 불상응행법(不相應行法)의 하나. 구사종(俱舍宗)에서는 수명(壽命)을 말한다. 명(命)은 활(活), 수(壽)는 기한의 뜻. 중생이 일정한 기간에 생존하는 것은 수명이라는 한 물체가 있어서 난(煖: 체온)과 식(識: 정신)을 유지하고 있기 때문이라 한다. 유식종(唯識宗)에서는 주지(住持)하고 결정하는 뜻이라 한다. 곧 제8식의 명언 종자(名言種子) 중에는 생식(生識), 주식(住識)의 작용이 있는데, 주식의 작용은 제8식으로 하여금 일정한 기간에 상속시키는 작용. 제8총보(總報)의 과체(果體)를 상속시키는 것을 가정적으로 명근이라 이름한 것. 따로 명(命)의 실체가 있는 것은 아니라고 한다.

한결같은 맛

부처님께서 말씀하셨습니다.

"불도(佛道)를 배우는 자는 여래의 가르침을 모두 믿고 따라야 한다. 여래의 가르침은 비유하자면 마치 꿀이 중간이나 가장자리나 한결같이 단것처럼 나의 경(經) 또한 그와 같다."

佛言: 學佛道者, 佛所言說, 皆應信順, 譬如食蜜, 中邊皆恬 吾經亦爾.

해 설

이 장에서는 여래의 가르침이 모두 진리의 말씀임을 보여 언어를 통해 깨달음에 나아가도록 가르치고 계신다.

여래의 가르침은 단지 말이 아니라 세계의 실상을 깨친 여래의 반야가 언어화된 것으로 한마디, 한구절도 진실하지 않은 것이 없음을 천명한 것이다.

부처님께서는 뭇 중생들이 깨달음을 얻도록 하기 위해 여러 가지 방편을 들고 갖가지 비유와 예로써 각각의 근기에 맞는 가르침을 주셨다. 그 방편의 말씀이 무한히 많지만 결코 한마디 말씀도 허언(虛言)이 아니니 모두 믿고 따르도록 이르시는 것이다.

　우리가 경전을 대하다 보면 부처님 말씀 중에 간혹 상반된 내용과 반대로 들리는 경우들도 있으나 그것은 그 때 그 때 중생들의 근기에 합당한 가르침을 주기 위한 방편설일 뿐 결코 상반된 것이 아닌, 믿고 따르며 배워야 할 것들이다.

　부처님은 이를 알리기 위해 안팎의 맛이 같고 처음이나 끝이나 달기가 한결같은 꿀맛을 들어 가르치시고 계신다.

　여래의 말씀은 바로 맛이 한결같은 참다운 꿀과 같이 언제 어디서 어떤 경우에 설한 것일지라도 사리에 부합되고 실상에 합치되는 진리의 법이다.

　경전의 해석에 있어서 여러 종파마다 자신들의 종지(宗旨)를 세우고 그에 따라 관점과 연구에 견해를 달리하는 부분이 있어 다른 종파의 견해에 반대 의사를 표명하는 경우는 있으나 이것은 어디까지나 관점과 종지와 해석의 차이일 뿐, 부처님의 본의는 결코 다르지 않은 것이다.

진실한 수행

부처님께서 말씀하셨습니다.

"사문이 도를 행함에 있어 억지로 연자매를 끄는 소와 같이 몸은 비록 도를 행하고 있더라도 마음의 참 도를 행하지 않는 거짓 수도를 행해서는 안 된다. 마음의 참 도를 행하면 따로 도를 행하려고 할 필요가 어디 있겠는가?"

佛言: 沙門行道, 無如磨牛, 身雖行道, 心道不行. 心道若行, 何用行道.
불언 사문행도 무여마우 신수행도 심도불행 심도약행 하용행도

해 설

이 장에서는 마음이 진실하지 않으면 도란 아무리 부지런히 근수(勤修)한다 해도 몸만 바쁠 뿐 마우(磨牛: 연자방아를 돌리는 소)와 같으니, 참된 마음으로 행하는 실천만이 수도(修道)의 바른 도리임을 가르치고 계신다.

도란 꾸미는 모습에 있는 것이 아니고 마음으로부터 우러나와 실상에 부합된 실천을 행할 때만이 진실로 도를 닦는 것이다. 그렇지 않다면 연자방아에 매인 소가 하루 종일 방아 주위를 돌면서도 무엇 때문에 돌고 있는지 모르는 것과 같을 뿐이

다.

 소위 불도를 수행한다고 하는 사람 중에는 연자방아에 매인 소처럼 조석으로 부지런히 근행(勤行)하면서도 이것이 왜 하는 것인지, 어떤 법요이며 법식인지도 모른 채, 쉴 새 없이 왔다 갔다 할 뿐 마음속에 도심(道心)이나 신앙심이 없고 목표도 없이 의무적으로 하는 사람도 많다. 이런 사람을 부처님께서는 연자방아를 돌리고 있는 소와 하나도 다르지 않다고 하신 것이다.

 즉 신심이 없는 수행은 축생도와 가까운 것이니, 어떤 수행을 하든 실상에 부합되는 뚜렷한 신심에 의해 행하는 것이 바로 도라는 뜻이다.

수도자의 마음

부처님께서 말씀하셨습니다.

"도를 닦는다는 것은 마치 소가 무거운 짐을 지고 깊은 진흙 수렁을 지나가는 것과 같다. 짐을 진 소는 진흙 수렁에 빠지기 쉬우니 아무리 피로해도 좌우를 돌아보지 않고 진흙 수렁을 빠져 나온 후 숨을 돌려 쉬어야 한다.

사문의 수행도 이와 같으니 사문이 된 자는 정욕(情欲)을 진흙 수렁보다도 두렵게 여기고 곧은 마음으로 도를 생각해야 괴로움을 벗어날 수 있을 것이다."

佛言: 夫爲道者, 如牛負重行深泥中, 疲極不敢左右
불언 부위도자 여우부중행심니중 피극불감좌우
顧視; 出離於泥, 乃可蘇息, 沙門當觀情欲, 甚於淤
고시 출리어니 내가소식 사문당관정욕 심어어
泥, 直心念道, 可免苦矣.
니 직심염도 가면고의

해설

이 장에서는 쉼 없는 정진과 바른 지혜로 삶과 수행 모두 불퇴전의 자리에 이르도록 해야 함을 무거운 짐을 진 소가 수렁을 벗어나는 것에 비유하여 가르치고 계신다.

불도를 수행한다는 것은 마치 무거운 짐을 지고 있는 소가 깊은 진흙 수렁을 통과해 바르고 평평한 땅에 당도할 때까지는 아무리 힘들어도 곁눈질을 하지 말고 쉼 없이 걸어 진흙 구덩이를 벗어난 후 다리를 쉬고 호흡을 편안히 하는 것과 같이 해야 한다.

불도를 수행하는 자가 자칫하면 빠지기 쉬운 정욕의 진흙 수렁을 통과하는 것은, 짐 실은 소가 진흙탕 길을 지나가는 것보다 더 어려운 것이므로 빈틈없이 마음을 단속하여 결코 어떤 상황에 부딪히더라도 동요하지 말고 오직 한곳으로 마음을 기울여 똑바로 나아가야만 모든 고통을 면하고 괴로움을 벗어날 수 있는 것이다.

제42장
붓다의 세상 보기

부처님께서 말씀하셨습니다.

"나는 왕의 자리를 문틈으로 지나가는 먼지와 같이 보며,

금과 옥의 보배는 기와나 자갈처럼 보며,

흰 비단은 떨어진 누더기로 보며,

대천세계는 한 알의 작은 가자열매로 보며,

아뇩지의 못물은 발에 바르는 기름처럼 보지만

방편(方便)으로 여는 문은 변화한 보배 무더기로 보며,

무상승(無上乘)의 진리는 꿈속의 비단과 금으로 본다.

또한 불도(佛道)는 눈앞의 꽃처럼 보며,

선정은 수미산을 받치고 있는 기둥처럼 보며,

열반은 밤낮으로 깨어 있는 것으로 보며,

도정(倒正)은 여섯 용이 춤추는 것으로 보며,

평등은 하나의 진지(眞地)로 보되

흥화(興化)는 사시(四時)의 나무와 같이 본다."

佛言: 吾視王侯之位, 如過隙塵; 視金玉之寶, 如瓦
礫; 視紈素之服, 如弊帛; 視大千界, 如一訶子; 視阿

耨池水, 如塗足油; 視方便門, 如化寶聚; 視無上乘,
如夢金帛; 視佛道, 如眼前花; 視禪定, 如須彌柱; 視
涅槃, 如晝夕寤; 視倒正, 如六龍舞; 視平等, 如一眞
地; 視興化, 如四時木.

해설

이 장은 42장경의 마지막 장으로 부처님께서 당신의 평상시 마음가짐을 보이는 동시 일체법의 실상을 법안(法眼)으로 살펴 중생의 집착을 남김없이 깨뜨려 중생이 수행의 표준으로 삼아야 할 것이 무엇인지를 보여주고 계신다.

실상을 꿰뚫어 보신 부처님은 다음과 같이 말씀하신다.

'왕위는 한낱 문틈을 지나가는 먼지와 같이 본다.'

일국을 다스리고 천하를 호령하는 자리요, 온갖 부귀영화를 다 누리는 지위일지라도 결국은 형체도 그림자도 남지 않는, 한낱 문틈 사이를 지나가는 먼지처럼 볼 뿐이라 하셨다. 이 말씀은 세상의 무상함을 여실히 보신 것이다.

또 부처님께서는 '금은보화는 기와나 자갈처럼 본다'고 하셨다. 금은보화 또한 범부중생의 눈에는 보배처럼 보일지 몰라도 법안으로 보면 가치 있는 것도, 탐할 만한 것도 없는 것으로 어떤 기회에 이런 것이 생길지라도 차라리 갖고 싶어 하는 사람이 있으면 그에게 빨리 보시하라는 가르침이다.

이어서 부처님께서는 '흰 비단옷은 떨어진 누더기로 본다'고 하셨다. 아무리 아름답고 고운 비단옷일지라도 실상을 꿰뚫는 법안으로 보면 떨어진 누더기와 같이 보일 뿐 탐심을 낼 것이 못 된다는 것을 보이셨다. 왕위는 먼지처럼 보고 금은보화는 자갈처럼 보는 법안에 아름다운 비단옷이라고 어찌 탐심을 낼 대상이 될 수 있겠는가.

부처님께서는 또 '대천세계(大千世界)는 하나의 가자(訶子)열매와 같이 본다'고 하셨다. 가자(訶子)란 일명 가리륵(訶梨勒)이라는 약제로 쓰이는 작은 나무열매요, 대천세계는 우주를 통틀어 지칭하는 것이지만 부처님께서는 대천세계를 저 한 알의 가리륵 열매와 같이 본다고 하여 단지 눈에 보이는 크기가 큼이 아니고 작음이 실로 작음이 아닌, 크고 작음의 분별심을 없애셨다.

또 '아뇩지[21]의 못물은 발에 바르는 기름정도로 본다'고 하셨다. 아뇩지란 천축 향취산 남쪽, 대설산 북쪽에 있는 주위가 800리나 되는 큰 못을 말한다. 천축국 사람들은 이 못을 대단히 큰 것으로 생각하지만 발에 바르는 기름에 불과하다고 보는 부처님의 법안은 경계를 넘지 못하는 우리 중생들에게 경계의 한편을 보여 주고 있다.

이와 같이 크고 작음, 넓고 좁음이 절대적이지 않은 걸림 없는 법계를 '작은 티끌 속에 시방(十方)세계가 다 들어 있고 시방의 모든 티끌 또한 이와 같다'고 표현한다. 여래의 법안으로 보면 왕의 높은 지위가 높음이 되지 못하고 삼천대천세계의 큼이

---

[21] 아뇩지: 범어 Anavatapta. 아뇩달지(阿耨達池)의 줄임. 무열(無熱), 즉 뜨거운 번뇌가 없음 또는 청량(淸凉)이라고 번역한다. 염부주의 4대하(大河)인 긍가, 신도, 박후, 사다의 근원. 혹 히말라야 산중의 항하(恒河, 강가)의 수원을 가리키기도 하며 서장의 모나사루완호를 말한 것이라고도 하나 자세하지는 않다.

실로 큼이 아니며 바다처럼 큰 못의 많은 물이 실로 많음이 아니지만 그러나 중생을 제도하기 위한 '방편문(方便門)은 보배의 무더기로 화(化)한 것처럼 본다'고 하셨다. 방편이란 그 때 그 때의 환경과 상황에 따라 중생을 제도하기 위해 쓰는 것으로 방편을 베풀어 중생을 제도할 수 있다면 그 방편은 곧 금은보화보다도 더 귀한 것이니 보배 무더기로 본다고 하신 것이다. 또 우는 아이를 달래기 위해 나뭇잎을 보배스러운 물건으로 보이게 하는 환화(幻化)의 뜻으로도 본다.

부처님의 말씀은 이렇게 이어진다.

'무상승(無上乘: 위없는 진리)은 꿈속의 비단과 금으로 본다.'

무상승이란 위없는 진리이니 불도의 수행의 최후 목적이며 더 이상 큰 깨달음이 없음을 뜻하나 위없는 진리라 하더라도 그것마저도 꿈속의 비단이나 금으로 본다고 하셨다. 왜냐하면 위없는 진리라는 것도 결국은 무위(無爲), 무소득(無所得)이 되므로 이것이라고 내보일 수 있는 얼음이란 있을 수 없기 때문이다.

그러므로 부처님께서는 '불도(佛道)는 눈앞에 꽃으로 본다'고 하시는 것이다. 8만 4천의 법문이 있고 수많은 방편이 있으며 진리의 가르침이 있지만 그것은 다만 중생을 제도하기 위해 근기에 따라 제도의 방법과 그 길을 설한 것이니 눈앞에 꽃처럼 여긴다고 하신 것이다.

이어 '선정(禪定)은 수미산을 떠받치고 있는 기둥처럼 본다'고 하셨다. 선정이란 범어의 선나를 한역한 것으로 흔히 정(定) 또는 정려(靜慮)라고도 한다. 곧 심상(心想)의 산란함을 진정시키며 물결이 이는 물을 맑고 고요하게 하는 것과 같이 부동심의 경계에 드는 것을 말한다. 이러한 선정의 경계는 마치 수미산을 떠받치고 있는 기둥과 같이 본다고 하신 것이다. 즉 어떠한 바람과 풍랑이 불거나 지진이 일어난다 해도 미동도 하지 않는 모습을 빌어 선정의 경계를 설하셨다.

또 말씀하시기를 '열반은 밤낮으로 깨어있는 것으로 본다'고 하셨다. 열반이란 적멸 또는 원적이라 번역하니, 물결이 일던 물이 고요해지면 거기에는 미(迷)도 없고 깨달음이라는 것도 없는 경계를 뜻한다. 이 열반의 경계를 밤낮 깨어 있는 것으로 여긴다고 하신 것이다.

이어 부처님께서는 '도정(倒正)은 여섯 마리의 용이 춤추는 것처럼 본다'고 하셨다. 도(倒)란 전도(顚倒), 곧 아직 깨달음을 얻지 못하고 미(迷)에 처한 것을 뜻하고 정(正)이란 정견(正見)으로 깨달았음을 뜻하니, 도정이란 곧 미(迷)와 오(悟)를 말한다. 이것을 부처님께서는 여섯 마리 용이 위아래도 없고 앞뒤도 없이, 또는 옳고 그름의 분별도 없이 혼재되어 춤추는 것으로 본다고 말씀하셨다.

이 비유에 대해서는 예부터 여러 가지 설이 있고 해석상의 차이가 많으나 어느 것도 정설화 되어있지는 않다. 그 중에서 『불조삼경지남(佛祖三經指南)』의 저자인 도패 선사는 '여섯 마리 용이 오르내리며 서로가 도정(倒正)을 삼으니 정위(定位)가 없음을 뜻한 것이다'고 해석하고 있다. 이 설에 따른다면 '미(迷)하다, 깨달았다'라고 하는 것은 마치 여섯 마리 용이 하늘을 오르내리면서 서로 엉켜 춤추고 노니는 모습과 같아 어느 쪽이 위이고 어느 쪽이 아래인지 분별되지 않음을 뜻한다고 볼 수 있다. 결국은 미(迷)와 오(悟)란 여섯 마리 용이 춤추는 모습, 곧 한때의 현상을 시사하는 것이라고 보아야 한다는 것이다.

무릇 진실로 참된 깨달음을 얻었다고 한다면 생사도 열반도 모두 한낱 꿈과 같은 것이며 시방법계의 미오범성(迷悟凡聖)은 물론 꽃이 피고 지는 것 또는 단풍이 지는 모습 그대로가 모두 한때의 현상이니, 이는 마치 여섯 마리 용이 춤추고 오르내리며 위아래가 뒤바뀌는 것과 다르지 않다고 할 수 있다. 다만 보는 사람에 따라 올라간다, 내려간다, 바르다, 뒤집혔다 등으로 분별되어 보이기는 하겠으나 용 자체로 보면 위든 아래든 오르든 내리든 유희삼매의 모습일 뿐이다. 이 부분은 학자들도 해석하기 어려운 문장이라 한 것으로 이렇게 보면 이렇게, 저렇게 보면 저렇게 보이는 경계를 뜻한 것이라고 보면 될 것이다.

이어 부처님께서는 '평등(平等)은 일진지(一眞地), 곧 한결같은 땅으로 본다'고 하셨다. 평등이란 일체중생 모두가 평등하다는 뜻이고 일진지란 일진법계(一眞法界)를 뜻한다. 『삼장법수(三藏法數)』[22]에서는 일진법계를 해석하기를 '무이(無二)를 일(一)이라 하고, 불망(不妄)을 진(眞)이라 하며 교철융섭(交徹融攝)하는 까닭에 법계라 한다. 이것이 제불평등의 법진이며 종본이래(從本以來)로 불생불멸(不生不滅), 비공비유(非空非有)하므로 명상을 여읜 안도 없고 밖도 없다. 이 유일진실 불가사의(唯一眞實不可思議)한 것을

---

22 삼장법수(三藏法數): 일명 대명삼장법수(大明三藏法數)라고도 한다. 전 50권. 명나라 일여(一如) 등이 엮은 책이다.

일진법계라 이름한다'고 했다. 즉 천지만물 모든 것이 있는 그대로 진실체이므로 전개된 사물 모두가 절대 평등하다는 것이다. 평등은 일진지로 본다 함을 이러한 뜻이다.

끝으로 부처님께서는 '흥화(興化)는 사시(四時)의 나무와 같이 본다'라고 하셨다. 여기서 흥화란 중생교화의 법을 일으켜 교화가 발흥됨을 뜻하고 사시의 나무란 봄이면 꽃이 피고 여름이면 무성하고 가을에는 결실을 맺으며 겨울에는 거두어들인다는 뜻이다. 지금 중생을 교화 제도함에 있어서도 계절 따라 모습이 바뀌는 나무처럼 때에 따라 임기응변으로 가장 적절한 방편을 통해 교화의 법을 일으켜 바르게 제도한다는 뜻을 밝히신 것이다.

이상은 부처님께서 당신의 법안을 통해서 본 일체사물의 실상을 펼쳐 보여 중생들로 하여금 올바른 길로 나아갈 수 있도록 인도하신 고귀한 법음의 일부이다.

‖ 맺음말 ‖

　이상으로 42장경의 해석은 겨우 끝마쳤다 하겠으나 실로 한량없이 넓고 깊은 뜻을 담고 있는 경전을 통속적으로 평이하게 풀이한다는 것도 지극히 어려운 일이라 역자 스스로도 만족스럽지 못하고 독자들께서도 불만스러울 것이라 생각한다.
　해설 도중에 전문적인 불교 용어를 초보자라도 이해할 수 있도록 가급적 쉽게 풀이한다는 생각으로 임했기 때문에 속된 말이 많이 쓰였으며 읽기에 어색한 부분도 많았을 것으로 생각된다.
　부족한 점에 대해서는 우선 양해를 바라며 이것을 계기로 앞으로 불교 연구의 시발점이 되고 초보자들의 입문에 지침서가 되었으면 하는 마음이 간절할 뿐이다.

　　願以此功德 普及於一切
　　我等與衆生 皆共成佛道
　　　이 공덕이 널리 일체 모든 곳에 두루 하여
　　　우리 모두 함께 성불하여지이다.

성법 합장

부처님 말씀 마흔 두 편
사십이장경
성법 역해

2005.7.29. 첫판
2013.3.12. 4판
2018.3.24. 4판 3쇄

펴낸곳: **정우서적**
펴낸이: 신지연
편집: 이미지

신고 1992.5.16. 제300-1992-48호
서울. 종로구 수송동 두산위브 1231호
Tel: 02/720-5538 Fax: 730-5538
다음카페: jungwoobooks

정가: 6,000원

ISBN 978-89-8023-097-6 03220

※ 정우서적 도서 목록 ※

- 천수경, 의궤로 읽다/우천 이성운/사륙판/334쪽/10,000원
- 삼밀시식행법해설/법안·우천 공저/사륙판/274쪽/15,000원
- 삶과 초월의 미학: 불화 상징 바로 읽기/최성규/국판/280쪽/15,000원
- 염처경/수행경전연구회 편역/신국판/529쪽/20,000원
- 수행도지경/수행경전연구회 편역/신국판/150쪽/10,000원
- 원각경·현담/신규탁/사륙판/543쪽/18,000원
- 화엄과 선/신규탁/사륙판/336쪽/10,000원
- 선문답의 일지미/신규탁/국판/448쪽/15,000원
- 선묵향기/한암정수/국판/378쪽/15,000원
- 불교 유식학 강의/장익/국판/235쪽/10,000원
- 인간학불교/정승석/사륙판/270쪽/7,000원
- 상식으로 만나는 불교/계환/사륙판/348쪽/9,000원
- 불교의 대의/스즈키 다이세츠, 김용환 외 역/사륙판/159쪽/10,000원
- 일본불교의 빛과 그림자/김호성/사륙판/336쪽/8,000원
- 위대한 여성 붓다 아르야 따라의 길/중암/46판/397쪽/15,000원
- 밀교의 성불원리/중암/사륙판/486쪽/12,000원
- 완역 티베트 사자의 서/중암/사륙판/581쪽/15,000원
- 천수기도법/법안·우천 공편/사륙판/190쪽/4,000원
- 소원성취기도법/우천 편/사륙판/95쪽/2,500원
- 신행요집/일휴·우천 공편/사륙판/574쪽/12,000원
- 신행수첩/우천 편/국반판/384쪽/5,000원
- 역사로 읽는 한국불교/김경집/사륙판/303쪽/10,000원
- 역주 서장/일휴/신국판/912쪽/40,000원
- 역주 치문경훈/일휴/신국판/912쪽/40,000원
- 역주 신심명·증도가/일휴/신국판/261쪽/10,000원
- 역주 초발심자경문/일휴/신국판/128쪽/5,000원